CCTV10

百家讲坛
LECTURE ROOM

# 雍正和他的甄嬛们

李 寅◎著

中国工人出版社

# 目 录

Chapter 1

第一章

# 出人意料的后宫

大型电视连续剧《甄嬛传》持续热播，且走出了国门。这对观众了解宫廷史及我们的传统文化，都有很大裨益。《甄嬛传》中的很多剧情，尤其是后妃之间所谓“宫斗”的情景，几乎无处不在。历史上，雍正帝的后宫真的是这样的吗？

《甄嬛传》中所描述的雍正帝后宫是鲜少宫斗的，这是由于雍正帝的自身原因，尤其是他狠戾的性格特征，使得后宫一片肃然，安静得就像“莫斯科郊外的晚上”一样。但是，我们并不因为这一点，就会影响到对甄嬛的喜爱，因为这部剧揭示了一个鲜活的后宫生活，因为它使我们认识到，甄嬛可能并不是一个人，而是代表了雍正帝后宫的后妃现象，可以说，甄嬛这个艺术造型，集合了雍正后宫的所有后妃元素，大家可能对那些甄嬛们更加感兴趣，更想走近她们。

# 第一章　出人意料的后宫

大型电视连续剧《甄嬛传》持续热播，且走出了国门。这对观众了解宫廷史及我们的传统文化，都有很大裨益。《甄嬛传》中的很多剧情，尤其是后妃之间所谓“宫斗”的情景，几乎无处不在。历史上，雍正帝的后宫真的是这样的吗?

答案是“否”。

经过翻阅大量史料及档案材料，分析清朝十二帝的后宫，我们得出了恰恰相反的结论，那就是：雍正帝的后宫是一片风平浪静的，而且，表现得出奇地安静。

与清前后各朝后宫对比一下，就明晓为什么会得出这样的结论了。

清朝开国皇帝努尔哈赤有大妃阿巴亥之宠，因为她年轻漂亮，12岁嫁给了已经43岁的努尔哈赤，又生了三个儿子：阿济格、多尔衮、多铎，一时间成为宠冠后宫的主人，引来当时汗王其他妃嫔的嫉妒；同时，引起了当时四大贝勒的不安，主要是惧怕大妃将来拥子自重，争夺皇权。最终在努尔哈赤去世之后，大妃遭到不幸的结局——殉葬。《清皇室四谱》记载：“天命十一年丙寅八月十一日太祖殂。明日，大妃以身殉，或曰大妃之殉为太祖遗命，诸子执而逼之。乃死，年三十有七。”这其实是一次很严重的宫斗事件。

皇太极时期，出现了宸妃海兰珠之宠，《清史稿》记载：“妃有宠于太宗，生子，为大赦。” 皇太极太喜欢这个女人了，当他称帝盛京、五宫并建时，有清宁宫、关雎宫、麟趾宫、衍庆宫、永福宫。从名称可推断，只有宸妃海兰珠居住的东宫关雎宫最富诗意，它夹杂了皇太极特殊的感情色彩。这使我想起了《诗·周南·关雎》："关关雎鸠，在河之洲，窈窕淑女，君子好逑。"看来，皇太极把她安排在东宫，并命名为关雎宫，那是一种特殊的感情在起作用。甚至于宸妃即将病逝之际，正在前线指挥作战的皇太极不顾一切地赶回来，得知宸妃已经去世的消息之后，他又当场昏厥过去。这种难得的情感如果发生在平凡人家，那简直是太难能可贵了。可惜它发生在皇家。皇太极这么宠爱宸妃，她真是集"三千宠爱于一身"，在后宫里面，就很难避免宫斗了。果然，皇太极去世后，多年积累的矛盾爆发，发生了激烈的皇权之争，许多有实力的王爷都想继承大位。当时，最想做皇帝的是多尔衮。多罗郡王阿达礼对多尔衮说："王正大位，我当从王。"（《东华录》）此外，代善、阿济格、多铎、豪格等也盯上了皇位，内乱一触即发。最终结果，各方妥协，拥立年仅6岁的福临即位。

顺治帝的后宫是最不平静的了。先是顺治十年，福临以"与朕志意不协，废为静妃"（《清皇室四谱》），废掉皇后。接着，又企图废掉第二任皇后，幸亏孝庄太后的极力阻止，才没有发生二次废后事件。可是，顺治十三年，董鄂妃入宫，顺治帝眼前为之一亮，使得后宫天平陡然失衡。《清史稿》记载："上眷之特厚，宠冠后宫。"后宫从此掀起轩然大波。

康熙帝的后宫先是原配皇后孝诚仁皇后之宠，超越一切。但是，康熙帝极具修养，懂得后

▲ 图1–1　皇太极像

▲ 图1–2　董鄂妃像

孝献皇后（1639—1660年），董鄂氏，世称董鄂妃。属正白旗，内大臣鄂硕之女。

▲ 图1-3　胤礽像

妃不易，所以，他在一定程度上加以平衡，总算是没有发生大的风浪。可是，他的那些皇子们可太不平静了，互相不服气，争夺皇储。其中，有九个儿子参与争位，历史上称之为“九子夺嫡”。“九子”分别为大阿哥胤禔、太子胤礽、三阿哥胤祉、四阿哥胤禛、八阿哥胤禩、九阿哥胤禟、十阿哥胤䄉、十三阿哥胤祥、十四阿哥胤禵。他的皇二子胤礽最使他心力费尽，虽然精心培养，却不得不废掉。康熙四十七年，“以罪废，拘系于咸安宫”（《清皇室四谱》），五十一年，再废太子。两度废立事件，使后宫内展开了争夺皇储大战。皇子们的争斗，使得康熙帝心力交瘁，耗尽了精气神，身体从此每况愈下。

雍正帝之后的乾隆帝在位时，发生了一件十分重大的事件，那就是他的乌喇那拉皇后被废事件。被废原因，在《军机处档》中记载了犯人严譄的口供：“人家都说皇上在江南要立一个妃子，纳皇后不依，因此挺触，将头发剪去。”这件事震动了朝野，《清皇室四谱》载：“三十年正月随驾东巡，以故自行剪发，忤上旨。三十一年丙戌七月十四日，崩，诏以皇贵妃礼葬。”这也改变了乾隆帝的人生，因为皇后的被废，就使得他的皇储不得不重新考虑人选，这是最折磨人的事情。

嘉庆朝，嘉庆帝在世的时候，后宫倒也相安无事，可是，他犯了一个致命的错误，那就是立了一个女人做了皇后，这个女人就是钮祜禄氏。但是，嘉庆帝却没有立她的儿子做太子，这就为以后留下了祸患。果然，就在嘉庆二十五年（1820年），颙琰暴亡于避暑山庄，由谁来继承皇位，成为当时众人瞩目的焦点。因为健在的皇太后钮祜禄氏生有两个优秀的皇子绵恺和绵忻，她何尝不想让自己的亲生子继承帝位呢？所以，著名清史专家杨珍考证，当时，尚在圆明园的孝和太后存有私心，并不想轻易让旻宁即位，这样，一场皇位争夺大战一触即发。机警过人的旻宁抢占了先机，先发制人，强迫太后下旨，拥戴自己即位，抢先夺得了帝位。

道光帝在储君还没有确定之前、首鼠两端的时候，在皇宫里，道光二十年发生了孝全皇后暴亡的事件，《清宫词》有：“如意多因少小怜，蚁杯鸩毒兆当筵，温成贵宠伤盘水，天语亲褒有孝全。”此诗原注为：“孝全皇后由皇贵妃摄六宫事，旋正中宫，数年暴崩，事多隐秘。”其中“隐秘”二字，道出了宫斗的神秘性。“其时孝和太后尚在，家法森严，宣宗（道光）亦不敢违命也。”有人考证，此事正是咸丰帝的生母孝全皇后企图毒死其他的皇子，来保证亲生子顺利即位的恶性事件。最终，太后欲以家法处死孝全皇后。可是，孝全皇后不想死，太后便指使宫女在皇后门前日夜哭泣，逼得孝全皇后走投无路，便投缳自尽。

咸丰朝，大家就比较清楚了。咸丰帝在世的时候，曾经发生过懿贵妃争宠后宫的事件，也发生过懿贵妃那拉氏与肃顺等人的权力之争。关于这一点，后来慈禧为自己辩白，说并没干预朝政，《清宫述闻》记载：“我十八岁入宫，文宗显皇帝在宫内办事时，必敬谨侍立，不敢旁窥，一无所晓。”把自己说得太无辜了。最终，慈禧却在咸丰帝病逝后，联合恭亲王奕䜣发动了震惊中外的“北京政

孝全成皇后（1808—1840年），钮祜禄氏，满洲镶黄旗。她是道光帝即位后所立的第二位皇后，清文宗咸丰帝的生母。她暴崩于盛年，死因不明，至今众说纷纭，成为清宫疑案之一。

▲ 图1-4　孝全成皇后旗装像

变”，杀了载垣、端华、肃顺，逮捕了五大臣，夺得大权，开始了长达半个世纪的垂帘听政。

在同治朝，有皇后阿鲁特氏和慧妃富察氏之争，也有慈安太后与慈禧太后权力之争，期间夹杂着议政王奕䜣与皇帝的权力斗争。同治帝去世后75天，皇后阿鲁特氏被逼身亡。

光绪朝先有光绪七年的慈安太后暴亡事件，据考证为慈禧所害。接着有光绪帝皇后叶赫那拉氏和珍妃他他拉氏之争，期间，光绪帝宠爱的珍妃在光绪二十年被“褫衣廷杖”，打入冷宫，光绪二十六年，又被慈禧推入井中淹死。

▲ 图1–5　慈禧太后

对比总结后，我们发现，恰恰是雍正帝在位的十三年中，后宫一片风平浪静。为什么这么说呢?

▲ 图1–6　雍正帝写字像

第一，没有发生明显的宫斗事件。宫斗事件，不仅发生在后妃与后妃之间，也发生在不同等级的嫔御之间。我们观看《甄嬛传》，看到最多的是那些后妃们之间的钩心斗角，几乎无处不在。我们常人理解，宫斗一定难免，一群女人侍奉一个男人，会发生争宠斗争也是人之常情。妃嫔位低级的吃高级的醋，平级的吃得宠的醋，互相之间争斗不断。可是，这种争斗的最终结果，往往是很严重的，甚至是震惊朝野的大事件。所以，会在各种典籍中加以记载，比如《清实录》《起居注》等就有记录。退一步讲，出于忌讳，皇帝会篡改档案，并不记录这些事件；但是，也会在其他的资料，或民间笔记中透漏出一鳞半爪，总有一点儿线索会留下来。以往好多事件都是这样的。比如，顺治帝废后事件的内幕和细节，就在《朝鲜李朝实录》中被揭露出来；乾隆帝废后原因，也在鲜为人知的《军机处档》中有所披露。可是，关于雍正帝后宫的妃嫔之间宫斗事件，却真的没有一点儿线索，无论官书或是私人笔记，均不见记载。

第二，没有发生明显的储位之争。储位之争，是最令皇帝头疼也最揪心的事情。在《甄嬛传》中也会有所涉及。康熙朝发生了很多争夺皇储的大事件，比如，康熙帝两废皇太子事件，比如康熙帝八子胤禩结成党羽，觊觎储位，等等，已经让精明的康熙大帝心力交瘁了。雍正帝何尝不晓，他是亲历者，也是最大的受益者。可是，那是皇家的血脉之间互相厮杀的结果。雍正帝最最不想看到这种残忍的事件再发生在自己的子女身上。于是，雍正帝想了一个好办法，那就是秘密立储。在雍正元年八月十七日，中秋节刚过，雍正帝赶忙下旨："今朕将此事亲书密封，藏于匣内，置之乾清宫正中世祖皇帝御书正大光明匾额之后。"（《雍正朝起居注册》）

但是，有人可能会说，雍正朝也发生了雍正帝"杀子"的事件，被杀掉的是雍正帝的皇三子弘时，原因是他争夺皇储之位。《清皇室四谱》记载："雍正五年丁未八月初六日申刻，以年少放纵，行事不谨，削宗籍死，年二十四。"说的就是弘时被雍正帝狠心开除宗籍，甚至最终被杀死的事。那么，这里有一个疑问，弘时何以知道雍正帝所立皇储不是自己，而贸然行动，被皇父处死了呢？史学家列举了几个事例，比如，在雍正元年，康熙帝头周年之际，雍正帝派遣自己属意的弘历，也就是后来的乾隆帝前往代替皇帝祭祀，向世人暴露了自己秘密立储的人选；第二年，康熙帝二周年之际，雍正帝再次派出了弘历前往景陵祭祀，这更加证实了弘时的担心。因而，弘时铤而走险，做了不该做的事情，惹恼了父皇。但是，也有史学家证实，并不是雍正帝真正处死了弘时，其史料依据是：

一、《宫中档雍正朝奏折》中允禄的奏折，里面提到弘时被雍正帝处罚后，"交与允祹，令其约束养赡"，而并非处死了他。之后，由于弘时自己心境不佳，仅仅过了一年半，就抑郁而亡。他属于自然死亡。

▲ 图1–7　乾清宫

二、《大义觉迷录》中，曾静曾指责雍正帝有谋父、逼母、弑兄、屠弟种种不仁不义之事，却没有提到杀子，如果有的话，曾静岂能客气？是一定要写进去的。

三、《清史稿》中记载：“弘时，雍正五年以放纵不谨，削宗籍，无封。”丝毫没有提到处死的事。如果是被处死的话，民国年间修订的《清史稿》不会隐而不记。

四、大史学家孟森先生在《海宁陈家》中指出：“夫‘年少放纵，行事不谨’，语颇浑沦，何至处死？”提出了质疑。

所以，我们不难看出，弘时的死，应该是自然死亡，大家把他的死和雍正帝的政敌胤禩、胤禟之死联系在一起，虽然振振有词，但是确实缺乏历史证据。

由此可见，雍正帝的后宫之中，那些甄嬛们是和平相处的，并没有发生后妃间的宫斗。同时，也没有皇子间的储位之争，这难道不是风平浪静吗？

可是，大家一定会问，都是皇帝，为什么雍正帝的后宫会这么平静呢？我们还是用资料和历史事件来说明：

一是雍正帝的后宫相对简单，是非少。最关键的就是他的后妃很少。按照清宫规定，皇帝的后宫要分八个等级：皇后、皇贵妃、贵妃、妃、嫔、贵人、常在、答应，每个等级都有定数，比如皇后和皇贵妃都是一位，但是贵妃以下就不是一位了，尤其是贵人、常在、答应就没有定数了。所以，好色的皇帝会在后三个等级中做文章。比如康熙帝，他在册的后妃就有55位之多，而不在册的答应竟高达几百人之多。这样的话，他的后宫里面就真的是后妃成群了。再比如，雍正帝的爷爷顺治帝，他是在顺治十八年去世的，死的时候年仅24岁，正是花样年华，这么小的年纪，我们统计他的后宫，从皇后到低下的答应，竟然有32位之多。雍正帝的儿子乾隆帝就更不用说，在册的就有41位之多，还有很多南巡带来的汉女，由于没有生育而未被记录在档。那么，雍正帝到底有多少后妃呢？按照档案记录，有较为详尽资料的仅有10位，其中皇后2位，皇贵妃2位，妃子3位，嫔1位，贵人2位，其他的有常在、答应等，要么记录暂付阙如，要么语焉不详。

▲ 图1-8　清宫戏・空城计

▲ 图1-9　后妃家宴

当然了，后妃少，他的子女就不会太多。雍正帝一生之中有皇子10人，公主4人。而在这10个皇子之中，只有4个存活下来，其他6个都早殇了。

大家想一想，为数不多的后妃，皇子又不是很多，他的后宫相对来讲是很简单的，因为人少，是非就一定会少。这是其一。

二是雍正帝非常勤政，很少留恋后宫。雍正帝的勤政是最有名的，他是中国历史上最勤政的帝王之一，大概在清朝诸帝中，他是名列前茅的了。《甄嬛传》里也反复出现这样的镜头，说："皇帝又十几天没有临幸后妃了，太后要过问了。"这种情节渲染是符合历史史实的。雍正帝最可称道的就是他的勤政。他对朝臣的奏章，事无巨细，都要一一批阅答复，没有哪一个皇帝可以与之匹敌。《大义觉迷录》记载："无一时不切于痌瘝，无一事不竭其周详，不惜劳一身以安天下之民，不惜殚一心以慰黎庶之愿。"我们统计，他批阅的奏章很多：雍正元年，批阅了10498件，每天批阅29件奏章；雍正二年，批阅了13327件，每天批阅37件奏章。所以，他在《大义觉迷录》中说："自朝至夕，披览各处章奏，目不停视，手不停批，训谕数人，日不下千万言。"大家看出来了，雍正帝就是一个典型的工作狂。也难怪他很少留恋后宫了。试想，皇帝鲜去后宫，大家都一样，还有什么大的矛盾产生呢？

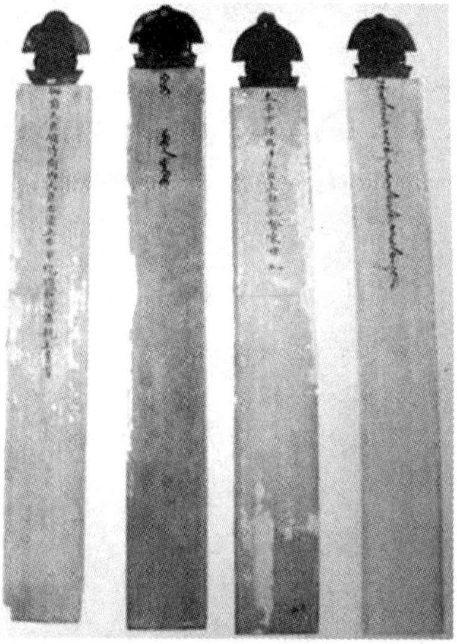

▲ 图1-10　绿头牌

三是雍正帝心力不济，不想后宫之事。年轻的时候，胤禛一直致力于储位之争，直到康熙帝病逝。角逐储位成功，做了皇帝，还要致力于清除异己的艰难斗争，劳心之事，自不必多说。他树敌太多，有政敌，甚至由于皇位之争，发生了兄弟相残，等等。雍正帝虽然心力强悍，心理素质好，但是，如果他真的背负了几条性命，他也一定会心神不宁的。《大义觉迷录》中有许多“心力交瘁”、“忧烦不遑”、“不遑寝食”、“夜难成寐”这样的记载。看来，雍正帝自己都认为他整日生活在巨大的心理阴影之中，心理压力极大。所以，他深感心力不济，也就很少想到后宫之事了。

四是雍正帝的信仰，影响了他的私欲。雍正帝有两个重要的信仰，一信佛教，二信道教。先说信佛。雍正帝在藩邸的时候，就信奉佛教。举个例子，他

▲ 图1-11　雍正帝道装像

曾找一个和尚叫作正修的，代替他出家做主持，这个人自称“四和尚”。雍正帝不仅信奉佛教，还自称为“野僧”。《清世宗御制诗文集》这样记载：“垂裳宇内一闲客，不衲人间个野僧。”他自嘲自己是一个不着僧人服装的和尚，所以，他自号“破尘居士”、“圆明居士”，表明自己不出家但修行，其目的很明显，施个障眼法，迷惑人们，表明自己与世无争，不会争夺储位。再说信奉道教，即位前，雍正帝就曾谋求武夷山道士为其算命，测算自己的命运。即位后，他更是笃信不疑。经常与白云观道士往来，还把道士贾士芳、张太虚、王定乾等人养在禁苑，为其修炼，并炼丹治病。他曾作过一首诗，名为《烧丹》：“铅砂和药物，松柏绕云坛。炉运阴阳火，功兼内外丹。光芒冲斗耀，灵异卫龙蟠。自觉仙胎熟，天符降紫鸾。”（《清世宗御制诗文集》）雍正不仅笃信道教，还喜食道士们炼的丹济。他深信这些丹济可以长生不老，因而，不仅自己吃，还不时赏给宠臣们吃。可以想见，雍正帝对佛教和道教的笃信，会在一定程度上影响到他对后宫的态度，诚如他自己挂在嘴边的一句话：“妻也空，子也空，黄泉路上不相逢。”（雍正帝编纂《悦心集》）这已经是很超脱的话了。

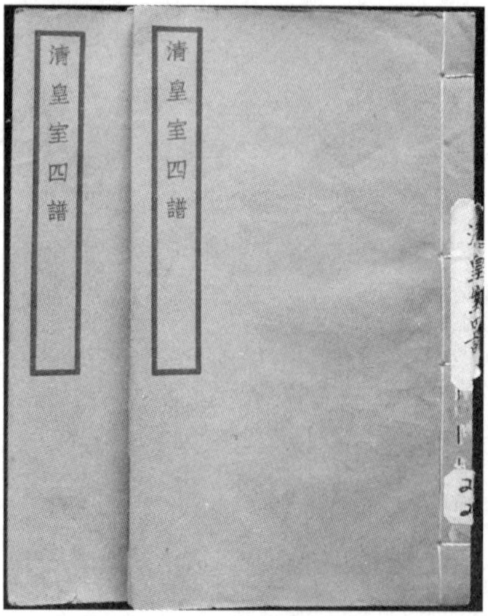

▲ 图1–12 《清皇室四谱》

五是雍正帝严苛和狠戾的性格特征，使得那些甄嬛们噤若寒蝉。他有弑父、逼母、谋兄、弑弟、杀子嫌疑。先说弑父。曾静在供词中说：“皇上进一碗人参汤，不知何故，圣祖皇帝就崩了驾。”（《大义觉迷录》）虽然现在一直没有结论，但是，康熙之死和雍正即位是一个问题的两种说法，不管怎么样，雍正帝弑父的嫌疑，在短时间内排除还很困难。次说逼母。雍正帝的母亲乌雅氏，一共生了6个孩子。应该说她的身体一直是不错的。那么，这里说他逼母，主要的证据是《大义觉迷录》记载：“皇上令九贝子往西宁去见活佛，太后说，何苦如此用心。皇上不理，跑出来，太后甚怒，就撞死了。”死得很突然，是说太后之死，是被雍正帝逼迫自杀身亡的。《九朝东华录》记载：“雍正元年五月二十二日皇太后病，二十三日丑刻，皇太后崩。”这么快的时间，皇太后就死去，真是太蹊跷了。关键是，这还在康熙帝的大丧期间。再说谋兄。雍正帝的兄长是大阿哥胤禔、皇次子胤礽、皇三子胤祉。大阿哥其实在康熙朝就已经被禁锢了，雍正帝即位后，继续被禁锢，死于雍正十二年。胤礽是两立两废的皇太子，也是在康熙朝就被圈禁起来了，不过是雍正帝即位后，继续圈禁，并把他迁出北京，在城外圈禁。三人中，只有胤祉是雍正帝即位后处置的哥哥。《清皇室四谱》记载：“雍正八年五月，论罪八款，削爵，拘禁于景山永安亭。”

其实是雍正帝最喜爱的胤祥病逝后，胤祉由于表现得不太悲伤，遭到雍正

▲ 图1–13　《允禧训经图》

帝惩戒："怡亲王忠孝性成，胤祉心怀嫉忌，并不恳请持服，王府齐集，迟至早散，背理蔑伦，当削爵。"（《清史稿》）这明显不合常理，属于雍正帝打击异己的行为。最后说弑弟。雍正帝有好多同父异母的弟弟，但有两位可说是被他杀害的。一个是八弟胤禩。胤禩由于生母出身为辛者库贱奴，故而年少时就很努力，深得父皇喜爱。雍正即位，四年二月初七日，囚禁胤禩；三月初四日，命胤禩改名为"阿其那"（猪或不要脸的意思）；五月十七日，雍正召见诸王大臣，历数胤禩、胤禟等罪；六月初一日，雍正将胤禩、胤禟之罪状颁示全国，议胤禩罪状四十款；九月初八日，胤禩亦因呕病卒于监所。看得出来，雍正帝在仅仅八个月的时间里，就害死了胤禩。难怪胤禩妻子早就有所预料："虑不免首领耳!"（《雍正朝起居注》）就是担心将来会被砍头的意思。另一个是九弟胤禟。胤禟

▲ 图1-14　后妃刺绣

是皇八子党，他善骑射，好结交，性聪敏，身体好。他坚决支持胤禩争夺皇位，是八哥的铁杆粉丝，也因此结怨于胤禛。对于胤禟的惩治，也是从雍正四年开始的。四年三月，其名被改为“塞思黑”，意为狗或讨厌鬼；四月，胤禟身缚三条铁锁，由西北押解赴京，已经是很凄惨的了。走到中途奉旨，留住保定，就地被圈禁高墙，论罪二十七款，备受蹂躏；八月二十七日，“以腹疾卒于幽所。”肯定是被害死的了。 所以，雍正帝这种狠虐的性格特征，对自己的同胞兄弟尚且如此，是不可能不对后妃产生影响的，和这样一个狠虐的丈夫生活在一起，只有小心谨慎，甚至战战兢兢，谁还敢于铤而走险呢？因为，一旦事发，结果只有一个，那就是被处死。就这样，雍正帝的后宫里面，那些多事的或规矩的甄嬛们，一律三缄其口，岂敢乱来！

讲到这里，大家似乎明白了，《甄嬛传》中所描述的雍正帝后宫是鲜少宫斗的，这是由于雍正帝的自身原因，尤其是他狠戾的性格特征，使得后宫一片肃然，安静得就像“莫斯科郊外的晚上”一样。但是，我们并不因为这一点，就会影响到对甄嬛的喜爱，因为这部剧揭示了一个鲜活的后宫生活，因为它使我们认识到，甄嬛可能并不是一个人，而是代表了雍正帝后宫的后妃现象，可以说，甄嬛这个艺术形象，集合了雍正后宫的所有后妃元素，使大家可能对那些甄嬛们更加感兴趣，更想走近她们。那么，雍正帝后宫的甄嬛们的真面目到底是怎样的呢？

Chapter 2
第二章

# 母仪天下的背后

东汉经学大家蔡邕《独断》卷下："帝嫡妃曰皇后。"就是指皇帝的正妻为皇后。"中宫"则是就建筑的位置而言，是中间、核心的意思。所以，中宫皇后，就是居住在宫殿中间的皇帝的正妻，而其余那些妃嫔们，则围绕中宫，住在两边的宫殿之中。这一章，给大家讲解的就是雍正皇帝后宫的头号甄嬛，中宫皇后。

乌喇那拉皇后作为雍正帝后宫的头号甄嬛，中宫皇后，因为具备种种优势，使得雍正帝对她礼敬有加，倍加尊敬。可以说是夫妻之间保持了相敬如宾的态度，是任何人都很难挑拨离间的。为了表彰皇后美德，使之成为后宫表率，雍正帝以一种特殊的方式表达了自己的敬意，那就是为其画了十二张《美人图》，称之为《御容》。著名清宫史专家杨新先生这样写道："这套画像是胤禛和画家一起构思并亲自参与制作创造出来的。"杨新先生同时指出，这些画像是"用了自己的嫡福晋那拉氏作模。"经查阅《清宫内务府记事档》，也有记载："雍正十年八月二十二日……拆下美人绢画十二张"。这十二张美人图，把中宫皇后画得惟妙惟肖。

# 第二章　母仪天下的背后

这一章我就给大家讲一讲雍正帝后宫的头号甄嬛，中宫皇后。什么叫皇后？东汉经学大家蔡邕《独断》卷下："帝嫡妃曰皇后。"就是指皇帝的正妻为皇后。"中宫"则是就建筑的位置而言，是中间、核心的意思。所以，中宫皇后，就是居住在宫殿中间的皇帝的正妻，而其余那些妃嫔们，则围绕中宫，住在两边的宫殿之中。那么，中宫皇后的职责是什么呢？《国朝宫史》记载："皇后居中宫，主内治。"意思就是，后宫里面中宫皇后说了算。

▲ 图2-1　皇后之宝

▲ 图2-2　"皇后之宝"宝文

大家都看过《甄嬛传》吧，一定都看到了那位中宫皇后，对她的印象也一定很深，因为这个女人贯穿了《甄嬛传》的始终。从第一集皇后在中宫出现，一直经过了76集，直到最后一幕，她在冷宫中被甄嬛奚落后，于绝望中死去。观众很感慨，皇后华丽的人生，却在悲惨中落幕。

那么，我要问一问大家，你们觉得电视剧中的中宫皇后是怎样的一个人呢？大概每个人心中都有一个评判标准。我认为，这个中宫皇后被塑造出了鲜明的性格特征：

一是表里不一。她善于伪装，而且手段隐秘，很难看出来。就说她和华妃的关系，大家对跋扈的华妃一向不满，几乎所有的妃嫔都厌恶华妃。但是皇后却假装维护华妃，表面上看是为了保持后宫的团结，但其实她和华妃的矛盾最深，几乎达到水火不容的地步。于是，她一有机会，就会暗中攻击华妃，打击华妃。

▲ 图2-3　宫廷美器、宝器

二是隐忍不发。这是皇后的另一个性格特点，不管受了多大的气，她都能忍下来。大概她非常知晓“小不忍则乱大谋”的道理，所以，当受到华妃冷嘲热讽的时候，皇后都是隐忍不发，自打圆场。

三是拉帮结派，玩弄权谋。皇后作为中宫之主，最具备拉拢人、利用人的机会和条件。她先是拉拢齐妃，为了控制她的皇子弘时，也为了牵制华妃；接着，皇后又收买安陵容，帮助其得到皇帝宠爱，以牵制甄嬛；最终，皇后为了自保，竟然利用皇太后的地位，使之下达了临终懿旨：“不许废后”，以图自保。大家看一看，皇后这样带头搞小团体，没有一点儿母仪天下的样子，真是上梁不正下梁歪，后宫不乱才怪呢。

四是手段阴狠。皇后为了达到掌控后宫的目的，费尽了心思。首先，她采用非常手段，害死了雍正帝的纯元皇后。接着，皇后为了控制华妃，在华妃身边安插了宫女福子，但这个阴谋被华妃识破，福子成了她们权力斗争的牺牲品。皇后就连自己的心腹祺嫔也不放过，竟然在她身上的珠串中放进了麝香，目的是不让她得宠怀孕。而当祺嫔没有利用价值的时候，便一脚踢开，即使是祺嫔苦苦哀求都无济于事。

这里我要讲一下麝香。因为在《甄嬛传》中，不时出现麝香这个东西。麝香，又叫遗香、脐香、心结香、当门子等，是雄麝的肚脐和生殖器之间腺囊的分泌物，干燥后呈颗粒状或块状，有特殊的香气，有苦味，可以制成香料，也可以入药。麝香的药理作用大概有两种：一为开窍醒神，可预防和治疗中寒、中暑、中风、中湿等病；二为舒筋活络、接骨镇痛的功效。这种名贵的药材，在清宫中一定会大量使用，所以，太医院御医配置的方剂中就有苏合香丸、御制平安丹、十香返魂丹等，这些方剂中都含有麝香的成分。但是，麝香还有两个副作用，一个是助情，因为麝香的气味奇香，能够使人迷离。历史上有很多这样的例子，比如，北魏孝文帝和女子冯妙莲就有使用麝香的故事。冯妙莲为了诱惑孝文帝，便把麝香制成小颗粒，藏入肚脐之中，皇帝看不到，却因为麝香的奇香而钟情冯妙莲。另外一个作用是堕胎，因为麝香有开窍的功用，有极强的通闭作用。但是，我可以肯定地说，这种能使人堕胎的麝香，不会像电视剧中所演的那样被那些后宫的小主们轻易取得，而且被制成各种药剂，成为导致后妃堕胎的凶手。因为雍正帝对太医院的药剂管理非常严格。雍正七年，他曾下过十分严厉的谕旨："尔等严谕御药房首领知悉：药物关系重大，嗣后凡与妃、嫔等送药，银瓶上必须牌子标记。至所用汤头，亦须开清，交予本宫首领太监，即将名字记明，庶不至于舛错。"（《国朝宫史•训谕》）。大家看，首领们拿药的时候，首先用的是防毒的银瓶，还要在瓶子上记名字，还要经过首领太监把关，怎么可能玩弄手段弄错药品呢？雍正帝最精细了，他深知宫廷险恶，也了解太医院用药的神秘，他惧怕出事，所以，特别作此规定，可谓防患于未然。

▲ 图2-4　雍正帝美人图之消夏赏蝶

这就是大家看到的电视《甄嬛传》里的中宫皇后，是这个样子。当然，我们也看到皇后也有好的品性，

▲ 图2-5御药房印

御药为管理宫廷药品的专门机构。“顺治十年设药库东华门内三所之左，东向，堂西有药王殿，前后三重，共房三十有六楹。”御药房隶属内务府，其具体职责是为内廷采办、储存、配置药品，药房人员并与御医分班侍值。

▲ 图2-6御药房印文

那就是喜欢在闲暇之余练习书法，写得一手好字。那么，历史上的中宫皇后，究竟是怎样的呢？“皇后居中宫，主内治。”不仅指明了居住的地点，还告诉大家，后宫是皇后说了算，所谓皇帝主外，皇后主内，后宫之中，所有的事情，包括她们的吃喝拉撒睡，位号升降，皇后都可以提出意见，是后宫的真正主人。

这里我们就有必要探知一下，雍正帝的中宫皇后，究竟是怎样的呢？我们查阅了大量档案，雍正帝皇后的真面目浮出了水面：

一是出身名门。这点太重要了，恐怕是能够成为中宫皇后的最基本的条件了。比如顺治帝的中宫皇后，先是孝庄文皇后亲哥哥的女儿博尔济吉特氏，后来，顺治帝废掉了她。继之而来的，仍然是孝庄的母家人，也就是她的侄孙女，普通人家的女子是进不来的。到康熙帝即位，和玄烨举行大婚典礼的中宫皇后更是了不得，她乃辅政大臣索尼的孙女、领侍卫内大臣喀布拉的女儿赫舍里氏。那么，雍正帝的中宫皇后是谁呢?

她是内大臣费扬古的女儿乌喇那拉氏，不仅姓氏为满洲八大姓之一，就其父亲的官职来讲也很高。她的父亲是康熙帝身边的人，叫作内大臣。《清史稿·职官志》说：“内大臣，从一品。”这已经是很显赫的出身了。在胤禛还是皇子的时候，康熙帝思虑再三，把她指定为胤禛的嫡福晋，可谓实至名归。不仅如此，康熙帝对于自己的那些皇子们都是这样的要求，那就是他们的嫡妻一定要出身名门，侧福晋倒是可以降低条件。所以，康熙帝的皇子们的嫡妻都是要有门第条件的，比如皇长子胤禔的嫡福晋是伊尔根觉罗氏，父亲是吏部尚书，管干部的高官，从一品；皇二子胤礽也就是皇太子，太子妃是瓜尔佳氏，父亲是正白旗汉军都统；皇三子胤祉的嫡福晋是董鄂氏，父亲也是一位都统。要知道，都统是从一品的最高军政长官，地位十分显赫。

▲ 图2-7　孝敬皇后朝服像

雍正帝即位后，在册封她为中宫皇后的册文中，最重要的一条就是“秀毓名门”（《清列朝后妃传稿》），说的就是这件事。我们在《甄嬛传》中看到好多这样的镜头，出身寒微的安陵容在宫中备受冷眼，而出身高贵的华妃，因为有年羹尧为靠山而飞扬跋扈。所以，在皇宫里，那些后妃是拼出身的，并不是俗话所说的“英雄不论出身”。

二是具备优良的品德，素质好。这又是一条很关键的条件，也就是讲的自身素质。雍正帝这位中宫皇后到底具备怎样的素质呢？

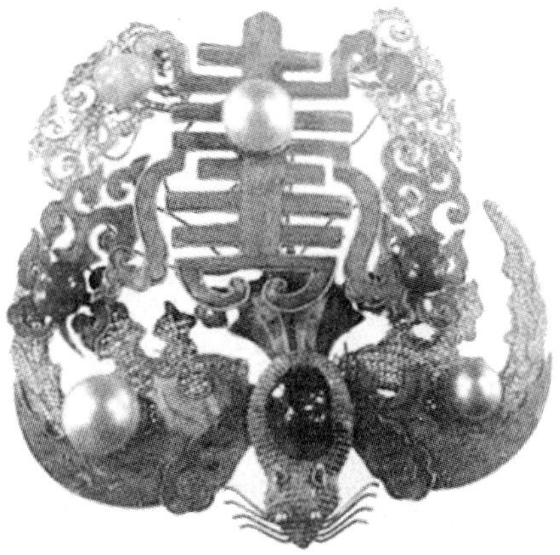
▲ 图2-8　福寿钿子

孝顺。这是根本，对于皇家的后妃最基本的要求就是要孝顺，主要是孝顺公婆，也就是父皇和母后。皇帝会不时拿这条来要求皇后，尤其是皇太后最为敏感的就是这条。我们说儿媳妇孝顺公婆，不仅是老百姓。作为皇家，也是一样。儿媳妇要天天到帝后宫里去问安，尤其到婆婆宫里面。康熙帝那么多儿媳妇，都要轮流去服侍，所以，就有了比较。胤禛的福晋乌喇那拉氏，不仅问安及时，而且态度好，婆婆看着就顺眼。所以，在给她的册文中，夸赞皇后对皇太后极为孝敬，“晨昏承颜”，也就是早晚侍奉，极尽周到。康熙帝对这位儿媳妇是有印象的，因为是康熙帝亲自选中的。康熙六十一年七月，当时的乌喇那拉氏还是一位王妃，在拜见公公的时候，康熙帝非常满意，觉得她不仅识大体，又很孝顺，低眉顺眼，表现出一位大家闺秀的特殊气质。

仁慈。这是对待下人的一种态度，包括两种人，一是后宫的妃嫔；二是太监和宫女。在《甄嬛传》中的皇后可是不得了，不仅对侍女们苛刻，就连后宫主位也是时时拨弄是非，唯恐天下不乱。事实上，真实的雍正帝皇后对待下人是很宽仁的，对待妃嫔的态度，那就四个字——“公平竞争”，她并不因为自己是正妻，就霸道专宠，大家公平竞争，尤其不干涉丈夫到别的女人屋里去；对待下人，太监和宫女，也是四个字——“和蔼可亲”，都不容易啊，皇后非常善解人意，这些下人在她面前丝毫不紧张。所以，册文说“逮下为仁”（《清列朝后妃传稿》）就是这个意思。比如，对待熹贵妃，当时虽然她是副职，地位低下，但是由于她生育了弘历，公公康熙帝又很看重她，所以，为了将来着想，皇后丝毫没有偏见，把小弘历看作是自己生的一样。这使得熹贵妃母子非常感动。

▲ 图2-9 雍正帝美人图之缝衣

▲ 图2-10 雍正帝美人图之鉴宝

▲ 图2-11 雍正帝美人图之照镜

▲ 图2-12 雍正帝美人图之观雪

▲ 图2-13　雍正帝美人图之品茗

▲ 图2-14　雍正帝美人图之捻珠

▲ 图2-15　雍正帝美人图之持表

▲ 图2-16　雍正帝美人图之观鹊

勤俭。满洲发祥关外，自然条件艰苦，所以把节俭作为治国治家的宗旨。雍正帝很重视节俭，在即位之初，就多次下旨，三令五申，强调要节俭，要懂得稼穑之艰：“谕膳房：凡粥饭及肴馔等类，食毕有余者，切不可抛弃沟渠。”（《国朝宫史·训谕》）他说，剩下的可以给下人吃，下人不能吃的可以喂猫狗，猫狗不吃的可以晒干后喂鸟。此外，雍正帝还在《训谕》中明确指出，太监在做饭时，要少下米，宁可不够吃，也不要剩下。他的中宫皇后乌喇那拉氏，牢牢记住雍正帝的指示，并开始治理后宫，向雍正帝表示：“这事你放心，由我来执行。”她先从自身做起，尽量不使用金器、银器，不戴华丽的头饰。而且，皇后还很勤快，针织女红她样样都会，做出的针线活计，堪称表率。所以，在册文中，雍正帝称赞她“克勤而克俭”，极力赞扬皇后的美德。

温柔。这其实是皇后的一种性格了。皇后作为皇帝老婆，自然要尽女人之职，所以，就要有温柔体贴的性格。清宫历史上有好多这样的女人，比如皇太极之宸妃海兰珠，比如顺治帝之董鄂妃，比如康熙帝之孝诚仁皇后赫舍里氏，都是这样的女人，也因此而得到皇帝特殊的宠爱。那么，雍正帝的中宫皇后也具备了这样的柔嘉性格，每当雍正帝很烦心的时候，尤其是即位之初，内外交困，不仅皇室内部有胤禩、胤禟、弘时等在散布不利于己的消息，就连市井民间，也有曾静等在大肆攻击雍正帝，使他心力交瘁。这个时候，雍正很少去各妃子的宫里，而是到皇后的宫里。这时，皇后会不动声色地小心侍奉，让丈夫得到温馨，忘却烦恼。所以，这段最艰难的岁月，是皇后和他一起共同度过的。因而，雍正在册文中称赞皇后：“柔嘉著于宫壶。”（《清列朝后妃传稿》）

母仪天下。这里主要说的是皇后的外表。册文里用了两个非常引人注目的词汇：“母仪天下”和“懿范性成”。当然，这并非夸饰之词。我们也看到了故宫所藏的雍正帝中宫皇后画像，确实端庄秀美，气质非凡，不愧“母仪天下”的称号。皇后为了表范后宫，下了很大功夫。比如她要求自己站有站相，坐有坐相，绝不乱穿衣服，给人以端庄之感。她还注重培养自己的文化素养，比如学习如何鉴宝，学习琴棋书画知识等。总之，她把自己的一颦一笑都规范起来，真正达到母仪天下的标准。

三是肚子争气，生育了皇长子。这很关键了。古代一个女人的资本是什么？《孟子·离娄上》说：“不孝有三，无后为大。”当然指的是，女人一定要生孩子，而且，一定要生男孩子。否则，那就是不完善的女人了。在《甄嬛传》中，我们也看到了类似的镜头，皇后由于没有皇子，便想方设法夺取齐妃之子；同时，也极力阻止自己的敌人生皇子。雍正帝的皇后（当时为嫡妃）在康熙三十六年三月二十六日深夜，生下了一位皇子。当时，就把胤禛乐坏了，因为之前生的两个孩子都是女孩子，他很怕这次还是一样。乌喇那拉氏经过艰难的阵痛，终于生下了王府第一个皇子，她盘算着，将来这个孩子是要干成大事的。而胤禛呢，这年他19岁。嫡妃生长子，生育了第一位皇子，胤禛决定给这个孩子起名叫作弘晖。《说文》：“晖，光也。”这是胤禛对这个孩子的希望，希望他将来能够做一番大事业。当然，他最要感谢这位结发妻子了。

了解到这里，我们可以得出结论了：乌喇那拉皇后作为雍正帝后宫的头号甄嬛，中宫皇后，因为具备种种优势，使得雍正帝对她礼敬有加，倍加尊敬。可以说是夫妻之间保持了相敬如宾的态度，是任何人都很难挑拨离间的。为了表彰皇后美德，使之成为后宫表率，雍正帝以一种特殊的方式表达了自己的敬意，那就是为其画了十二张《美人图》，称之为《御容》。著名清宫史专家杨新先生这样写道：“这套画像是胤禛和画家一起构思并亲自参与制作创造出来的。”杨新先生同时指出，这些画像是“用了自己的嫡福晋那拉氏作模特”。查阅《清宫内务府记事档》，也有记载：“雍正十年八月二十二日……拆下美人绢画十二张”。这十二张美人图，把中宫皇后画得惟妙惟肖：

美人照镜，皇后身着蓝色裘装，腰间戴玉佩，一手拿铜镜，一首扶着暖炉。美人观雪，皇后临窗而坐，暖炉烘面，户外梅花傲放瑞雪之中。美人倚门，皇后倚门观望着满园春色，凝神静思。美人赏花，皇后手持如意，立于庭院内欣赏牡丹花，万紫千红，又带富贵。美人品茗，皇后手持纨扇，坐于梧桐树下静心品茶，悠闲而富贵逼人。美人展书，皇后半展书页，若有所思，诗书文画，了然于胸。美人赏蝶，户外彩蝶起舞，室内皇后依靠在桌案，静谧中若有所思。美人捻珠，皇后捻珠静思，猫儿嬉戏玩闹，时光在这里流逝。美人持表，皇后淡妆而坐，手里拿着表，淡雅恬然。美人缝衣，皇后在红烛下，飞针走线，缝制衣服，勤劳持家。美人鉴宝，皇后坐于椅上，面对奇珍宝器，沉思鉴定。美人观鹊，皇后粉妆坐于榻上，观赏窗外喜鹊，遥想当年鸦雀救主的故事。胤禛下令，将这十二张“美人图”装裱，悬挂在宫中，大家向皇后学习，这是你们的榜样。

就是这样一位令人尊敬、令人钦佩、表率后宫的中宫皇后，一生却很是坎坷，她在人生道路上又遇到了哪些不如意的事情呢?

首先，是希望之光刚点亮，就熄灭了。说的是她所生的皇子不幸夭亡。她所生育的皇长子被丈夫起名为弘晖。就如皇子的名字一样，弘晖是皇后的希望之光，自己将来的一切希望都在这个孩子身上，所以，精心抚养，悉心教导，对小孩子的行走坐卧，什么目不斜视啊，走不回头啊，等等，都有严格的要求。可是，天不遂人愿，弘晖只活到8岁，就离开了人世。对于一个女人来讲，这太残酷了。雍正帝也很悲伤，因为这时他已接近而立之年，却只有一个体弱的皇子弘昀活在世上，而且，弘昀生母出身微贱，无法和弘晖相比。乌喇那拉氏从此很是抑郁，自己还有这样的机会再生一个男孩子吗？她的身体一天不如一天，精神也大不如前了。

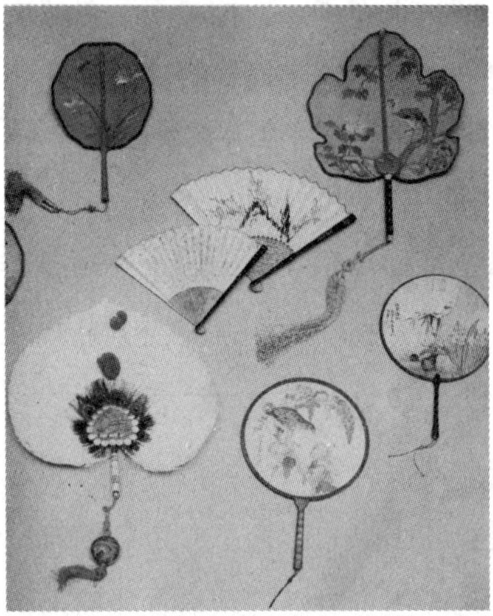

▲ 图2–17　宫扇

其次，运气不好。要说乌喇那拉氏作为嫡妃，在丈夫做了皇帝之后，立马封为皇后，既顺理成章，又符合制度，是很好的事情，雍正帝也是这么做的。可是，世事不遂人愿，让人没想到的是，这个时候却不能给皇后下证书，举行正式的册封礼，因为，正在大丧期间。就是，自己的婆婆，雍正帝的亲生母亲孝恭仁皇后去世，热丧在身，雍正帝不能给她举行册封礼，所以，她还不是正式的、理直气壮的中宫皇后。这种局面，一直持续了3年，直到雍正三年，丧期结束，才正式给了她一个封号。

再次，是大祸临头。说的是遭遇雍

正帝大病，病到什么程度呢？都开始准备后事了，难道不是大祸临头了吗？雍正帝身体虽然不是太好，但也还能坚持，所以，即位以后，雍正帝处理政务十分勤奋，这是人所共知的。可是，到雍正八年冬，却得了一场大病，一直到九年开春，病情转重。这场大病在档案上没有说明，只看到说他的下颌起疙瘩。但是，尽管如此，雍正帝还是感觉到自己快要不行了，大限将至。因而，竟然开始交代后事。他在14天内，连下四道谕旨，安排后事，他先把心腹重臣张廷玉和鄂尔泰叫进来，耳语告诉他们究竟谁是正大光明匾额后面的太子，这是他第一次和别人说这件事情。接着，开始准备后事，主要是叫人准备向棺材内放的陪葬品。这里不妨透露给大家，看看雍正帝都准备把什么东西放进自己的棺材之内：

▲ 图2-18　皇后朝冠

两盘念珠。一盘是当年太祖母孝庄给的，这盘念珠可太不寻常了，雍正帝一直视为珍宝，由皇后保管；一盘是父皇康熙帝给的，也一样交给皇后保管。这些念珠，雍正帝偶尔会拿来用用，数数这些珠子，使浮躁的心能够静下。

玻璃鼻烟壶一件。这件鼻烟壶，是内画的，有精美的图案；更为重要的是，这件宝贝是雍正帝最喜欢的弟弟怡亲王胤祥的遗物，雍正帝一刻也不离开它，借此，他更加怀念胤祥。

金托碟白玉杯一份、黄地珐琅杯盘一份。留作万年吉地用，实际上就是殉葬品。

《日课经忏》一部，放在梓宫内。这部经书的内容：“日课”为道教经文，“经忏”是佛教释文，放进棺椁之中，表明雍正帝的两个信仰，即道教和佛教。

古钱一枚，放入棺椁之中。

通过上述安排，我们看出雍正帝一贯节俭，体恤民力的思想。其实，这个根本不像一代帝王的后事安排。与那些奢侈铺张的帝王丧葬相比，显得十分“寒酸”。

更为重要的是，这个时候，乌喇那拉皇后自己也病倒了。按理，丈夫病重，都开始交代后事了，作为后宫之主的皇后，是最紧张和最操心的。她非常着急，日夜陪伴。不幸的是，事与愿违，这个时候，操劳过度的皇后也病倒了，她的压力实在是太大了，天都快塌下来了。而且，病情来势凶猛，很快就击垮了她，她在九月二十九日这天，竟然撒手西归了。

正在病中的雍正帝听到这个消息后，非常震惊，也非常难过。那么，雍正帝的第一反应是什么？他要如何安排皇后的后事呢？雍正帝真正的中宫皇后到底得到怎样的待遇了呢？

第一，皇帝坚持要见皇后最后一面，带病安排皇后的后事。上面讲到，就在皇后弥留之际，雍正帝也正经受着病魔的煎熬。但是尽管如此，他仍然坚持要赶在皇后咽气之前，最后看她一眼，这才放心。可是，王公大臣极力谏阻，说这可不行，理由是皇帝的身体还没有复原，过分操劳的话，会出大事的。我们完全理解雍正帝的心意，因为自从皇后嫁给他，已经40多年了，按照中国人的说法，那至少也是银婚了，皇帝怎么舍得呢？所以，他要看最后一眼。最关键的是，他要在皇后咽气之时做最重要的一件事，那就是《清世宗实录》里面所说的“欲亲临含殓”。就是

▲ 图2-19　胤祥像

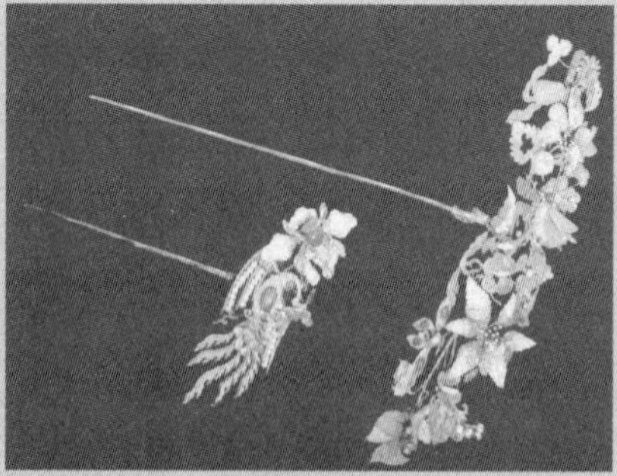

▲ 图2-20　头簪

要为皇后含殓压舌头。

这里解释一下，什么叫含殓呢？就是向死人嘴里压东西。《公羊传》说："含者何，口头实也。"意思是，含在嘴里面的东西称为口头实。之所以要向死者嘴里压物品，是因为古人认为，先人操劳一生，不忍让他们空口而去，做饿死鬼。另外，还有人认为，舌头是万恶之源，乱说话会惹出是非的。所以，一定要把舌头压住，就不会乱说了。在清宫里面，上至天子，下到奴仆，死后都要压舌。不过，等级有别。郭沫若先生说过："天子以蝉压舌。"因为蝉与禅谐音，而禅又与佛教密切相关。

而乌喇那拉皇后的压舌，按照清宫规定是珍珠，也就是东珠。雍正帝坚持要亲自做这件事，这其实是违制的事情，因为这种事，由奴才做就可以了。主要是惧怕死者在压舌的时候，把晦气喷到主人身上，不吉祥。雍正帝坚持要给皇后压舌，从中可以看出，雍正帝和皇后之间的感情是很深厚的。可是，雍正帝没能实现自己的愿望，没能亲自送皇后最后一程，留下了终身遗憾。

第二，大操大办丧事，为皇后举行隆重的国丧。皇后一去世，雍正帝做了几件事：

放假大办丧事。就是不再上朝办公，而是穿着丧服，大办丧事。满朝的王公大臣、文武百官连同他们的家属，全部为之素服。全国禁止一切娱乐活动，不许剃头，放假五天，全民举哀。

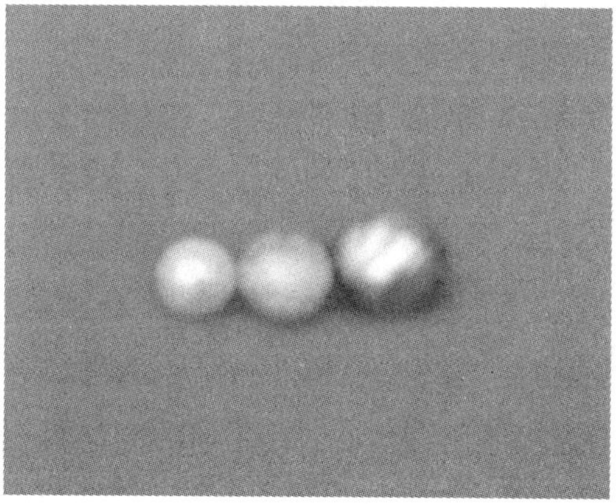
▲ 图2-21　后妃压舌珍珠

精心选择停灵地点。皇后一去世，雍正帝便选择了号称"京师第一名园"的畅春园之九经三事殿，那里是皇帝经常处理政务和生活的地方，以此作为乌喇那拉皇后的停棺场所，可见是非常重视的，并日夜派人奠祭。过了头七，又把皇后棺椁移灵到田村殡宫。最终，雍正帝决定，将来一旦自己崩逝，要把乌喇那拉皇后和自己葬到同一地宫之中，达到合葬的目的。雍正十三年，雍正帝崩逝后，乾隆帝替父实现了这一愿望。

为皇后盖棺定论。对于那拉皇后，雍正帝怀有更多的感情是敬意，这是毋庸置疑的。所以，经过三个月的思考，到九年十二月，雍正帝为皇后上了最理想的谥号，那就是孝敬皇后，《清朝文献通考》记载："是年，册谥孝敬皇后"，以表达自己的真实心境。我们知道，清代皇后的谥号第一个字都是一样的，那就是"孝"，所谓百事孝为先；第二个字是关键，有的后妃为了得到理想的谥号，会

在生前向皇帝讨要，比如，乾隆帝皇后富察氏，在生前向乾隆帝申请，将来可否以“贤”字作为自己的谥号，乾隆十三年，皇后病逝，乾隆帝想起了这件事，便给富察氏上了“孝贤”的谥号。而乌喇那拉皇后生前并未讨封，雍正帝主动给她上了“孝敬”这样的谥号，以赞美皇后品德，表达自己对结发夫妻的敬重，充分表达了雍正帝自己的内心想法。

讲到这里，大家是不是对雍正帝后宫的头号甄嬛——孝敬皇后有了解，是不是理解了雍正帝礼敬中宫皇后的缘由？

泰陵是清西陵的首陵，埋葬着雍正及其皇后孝敬、皇贵妃敦肃，位于永宁山主峰之下，始建于雍正八年（1730年）。泰陵是西陵的主体建筑，规模最大，体系最完整。整个陵寝分前后两部分，前部分是门、坊、碑、亭，后部分主要是殿宇和地下宫殿。

◀图2-22　泰陵

Chapter 3

第三章

# 真实的甄嬛

在《甄嬛传》第55集，雍正皇帝使用了只有皇帝才可具有的权力——赐姓，剧情是将甄嬛的“甄”姓改为“钮祜禄”氏，同时，晋升她的宫中封号为熹妃，并指定甄嬛为皇四子弘历的生母。讲到这里，我们似乎明白了，甄嬛的原型其实是大家熟知的乾隆皇帝的生母。所以，这一章给大家讲解的二号甄嬛实际上就是电视剧中的甄嬛本尊。

熹妃生有一子，那就是弘历。《清皇室四谱》记载：“（弘历）康熙五十年辛卯八月十三日子时，生于雍亲王藩邸，母王府格格钮祜禄氏。”其他资料也都做了类似的记载，应该不会有什么争议了。可是，在历史上却产生了两个大争议。一是生母各异。关于乾隆帝生母产生了几种说法，有的说是陈阁老的儿子。陈阁老就是浙江海宁大学士陈世倌，他和雍亲王同时生了孩子，陈阁老生了男孩，胤禛生了女孩，是胤禛与陈世倌交换了孩子，重演了历史上“狸猫换太子”的闹剧。有的说是汉女傻大姐所生，故事讲，雍亲王在热河打猎时，喝了鹿血壮阳，情急之下，和一个丑陋的汉女发生了苟且之事，生下弘历。而官方记载，当然是钮祜禄氏熹妃所生，档案留有记录。真是迷雾重重，让人难以选择。

# 第三章　真实的甄嬛

这一章我给大家讲解雍正帝的二号甄嬛——熹贵妃钮祜禄氏。在《甄嬛传》第55集，雍正皇帝使用了只有皇帝才可具有的权力——赐姓，剧情是将甄嬛的“甄”姓改为“钮祜禄”氏，同时，晋升她的宫中封号为熹妃，并指定甄嬛为皇四子弘历的生母。讲到这里，我们似乎明白了，甄嬛的原型其实是大家熟知的乾隆皇帝的生母。所以，今天讲解的二号甄嬛实际上就是电视剧中的甄嬛本尊。

大家一定会问，《甄嬛传》中的甄嬛真的就是历史上的熹贵妃吗？这部电视剧中的甄嬛和历史上真实的甄嬛（也就是熹贵妃）到底有没有关系呢？经过查阅大量的资料，我发现有以下信息相吻合：

甄嬛的出身与历史接近。《甄嬛传》中说，甄嬛的父亲是一位大理寺少卿，这个官职，相当于现代的最高法庭庭长，掌刑狱案件审理，也就是一个正四品的官僚。而档案《清列朝后妃传稿》记载熹贵妃身世：“四品典仪官凌柱女”，典仪官就是监督典礼仪式的侍卫官。所以，二者虽然官职不同，但品级基本一致，都是四品的官僚。四品官，其实就是一个中等官僚。

▲ 图3-1　孝圣皇后像

《甄嬛传》中说甄嬛是选秀女入宫的，

这点和历史记录是吻合的。关于熹妃入宫，档案上确实记载为选秀女进宫的，这段历史，在王闿运《湘绮楼集》中有极为生动的描述，说熹妃是承德人，家中贫寒，没有一个可以使唤的下人，到她六七岁的时候，父母亲为了生计，要她去集市上做生意，卖些小东西，比如酱油、醋、酒、栗子面等。奇怪的是，每当她所到之处，这里的买卖会非常火爆，生意会很兴隆，大家认为她是一只吉祥鸟，都愿意她来到自己的店铺，生意好红火。所以，这个时候，她已经是小有名气了。13岁的时候，她到京师，正赶上选秀女，便“当选入宫”。

可是，大家知道，这个时候，雍正还不是皇帝，还是一个王爷，是康熙帝把钮祜禄氏赐给了胤禛，所以，《湘绮楼集》记载：“分皇子邸，得在雍府。”她是以秀女身份进入的雍亲王府邸。这里需要向大家说明清代选秀女的制度。所选秀女，共有两种，一种是由礼部主持的，每三年一次，选中秀女，一部分留给皇帝做妃嫔，一部分由皇帝赏赐给宗室王公；还有一种由内务府主持，一年一次，但选中的秀女都是宫女，给后妃使用，因为，清朝的皇帝是不使用年轻宫女的。所以，甄嬛就是这样，由礼部主持的选秀女活动中，被选中的。由于钮祜禄氏出身并不显赫，所以，她进入王府，地位并不靠前，她的前面有王妃、侧妃等，而她还只是一个名不见经传的格格。可是，钮祜禄氏这个女孩子很机灵，她居然有了身孕。

甄嬛生有一子，与历史相符。所以，《甄嬛传》中甄嬛生有一子，而且在

▲ 图3-2　宫中食盒

雍正帝死了之后，做了皇太后，这一点是与历史相符合的。资料中记载，钮祜禄氏生有一个皇子，那就是爱新觉罗·弘历，即乾隆帝。雍正十三年，雍正帝去世后，弘历继承了帝位，进入乾隆纪元。这些记载都是与历史相符合的。

也难怪大家这么喜欢《甄嬛传》，原来人物塑造是有原型的。我想问大家，你们对甄嬛这个人的印象怎么样呢？我先谈谈自己的看法。

一是在复杂多变的宫廷斗争中得到了历练。甄嬛年幼入宫，不谙世事，甚至于都不想被皇帝宠幸，更不要说与其他妃嫔争宠了。但是，在经历了一系列事件，诸如：遭下人冷遇，太监康禄海因为甄嬛不被皇帝宠幸，而离开了碎玉轩，使她感受到了世态炎凉；朋友成为敌人，更使她要在宫中争得一席之地，剧中安陵容背弃了甄嬛，成为皇后的嫡系，千方百计陷害甄嬛，宫中斗争险象环生……在这么多事件发生后，甄嬛成熟了，她不再被动，而是主动出击，而且更加足智多谋。

▲ 图3-3　允礼像

二是甄嬛的感情世界遭到封建礼制的无情摧残。甄嬛入宫后，偶遇风流倜傥的果郡王允礼，经过巧妙的剧情安排，两个人产生了感情。可是，在君为臣纲，夫为妻纲的封建礼制下，这种感情怎么能够遂愿呢？最终，果郡王服毒身亡，甄嬛也遭到了前所未有的感情打击。

在这里，我想介绍一下允礼。雍正帝即位后，大肆打击异己，包括兄弟。由于允礼没有卷进储位斗争，因而没有遭到打击，得以善终。雍正六年，被晋封为果亲王，直到乾隆三年才去世，终年41岁。果郡王一共有两位妻子，生有一对儿女，但是很遗憾，都夭折了。所以，他没有亲生儿女。乾隆即位后，把雍正帝谦妃所生弘瞻过继给他。而电视剧中，弘瞻的生母是甄嬛。

那么，甄嬛和果郡王是否有见面的机会，并产生感情呢？答案是否定的。根本不可能。过春节，皇家要举办乾清宫家宴，那是皇帝和后妃们在一起聚餐，而不会邀来王爷，更不会要后妃和王爷们共餐，这是有严格规定的。那么，《甄嬛传》中，甄嬛和果郡王跌宕起伏的爱情故事应该是两段历史嫁接过来的：

第一，努尔哈赤大妃衮代与努尔哈赤子代善的暧昧关系，是一段母子恋情。努尔哈赤晚年，曾流露出要传位给代善，并要把衮代托付给代善的想法，因为满洲人早期有“父死则妻其母，兄死则妻其嫂，叔伯死则侄亦如之”（《三朝北盟会编》）这样的记载，丈夫去世，儿子可以娶后母；哥哥死了，小叔子可以娶嫂子，这个叫作“收继婚”，早期满洲有这种习俗。所以身为大妃的衮代听了努尔哈赤的一番话，便早作打算，和代善提前交往，闹出了关系暧昧的传闻。资料《满文老档・太祖》记载了努尔哈赤的话：“吾曾言曰：吾身殁后，大阿哥须赡养诸幼子和大福金。以有此言，故大福金倾心于大贝勒。”

▲ 图3-4　代善像

第二，皇太极去世后，庄妃和小叔子多尔衮的下嫁传闻，是一段叔嫂恋情。关于这段历史，史家多有论证，我在这里不做过多阐述。我的观点是有其实而无其名，也就是庄妃为了保住儿子的地位，不得已委身有权势的小叔子，但碍于皇家颜面，没有举行所谓的大婚典礼。

所以，甄嬛和小叔子果郡王的关系，就是这两个故事嫁接过来的，后一段故事则更加接近些。

那么，历史上的甄嬛也就是熹贵妃，究竟是什么样一个人呢？我带大家走近她，揭开这位传奇女性的神秘面纱。

首先，熹妃充满了谜团。我们考证，这个女人至少有两个谜团。

第一，姓氏之谜。一个人的姓氏怎么会是一个谜团呢？应该是百分之百肯定的事情。可是，这个熹妃却给人们留下了思考的余地。雍正元年，胤禛即位，大封后宫。在资料中，关于熹妃的记载出现了两种不同的结果。一种是姓钱，是个汉人。《雍正朝汉文谕旨汇编》：“格格钱氏，封为熹妃。”《永宪录》中的记载和这个记载一样。这些资料是可信的啊。另外一种说法就完全不同了，说她姓钮祜禄氏，是满人。《清世宗实录》：“格格钮祜禄氏封为熹妃。”这是官方的记录。

这真是一件咄咄怪事。一个人怎么可能会出来两个截然不同的姓氏呢？要知道这两种资料都很靠谱，绝非市井野闻。可见，这里面一定大有文章。一定是有人篡改了历史。我们分析一下这两个姓氏，钱氏，应该是汉姓，钮祜禄氏是满人姓氏，两者不可能误记。这样看来，就是被人为做了手脚。我分析，熹妃很可能是汉女钱氏，而被人篡改成钮祜禄氏。朝廷为什么要这么做呢？大概有两个原因。一是为了提高她的民族地位。我们知道，由于早年孝庄规定“有敢以汉女入宫者斩”（《清宫词》），满汉之间实际上并不通婚，汉女要想进宫为妃，必须要先入旗。所以，在清朝实际上存在很严重的民族歧视现象。而满人享有很多特权，在宫廷中就更加明显。钱氏，作为汉人，不管她是否入旗，地位都会低于满人。所以，把她由汉姓更改为满人姓氏，对她来讲很有意义。二是使她融入了贵族血统。钮祜禄氏为满洲八大姓，《皇朝通志·氏族略·满洲八旗姓》中把钮祜禄氏列进满洲八大姓之中。可以说，这个姓氏，在清朝是一个备受荣宠的大姓，在前朝，也产生过很多历史名人，比如开国元勋额亦都，康熙帝时有辅政大臣遏必隆，其中最有名的要算乾隆时的大贪官和珅了。在清朝的后妃中，有很多都是钮祜禄氏，其中，出了5位皇后，9位妃子。清朝12帝中，就有两位是钮祜禄氏所

▲ 图3-5　慈安像

生，一个是乾隆，一个是咸丰帝。此外，还有一位垂帘听政的太后慈安，也是钮祜禄氏。所以，熹妃由钱氏改为钮祜禄氏，就很自然地把她的血统融入到贵族之中，具有浓厚的政治色彩。

第二，生子之谜。熹妃生有一子，那就是弘历。《清皇室四谱》记载：“（弘历）康熙五十年辛卯八月十三日子时，生于雍亲王藩邸，母王府格格钮祜禄氏。”其他资料也都做了类似的记载，应该不会有什么争议了。可是，在历史上却产生了两个大争议。一是生母各异。关于乾隆帝生母产生了几种说法，有的说是陈阁老的儿子。陈阁老就是浙江海宁大学士陈世倌，他和雍亲王同时生了孩子，陈阁老生了男孩，胤禛生了女孩，是胤禛与陈世倌交换了孩子，重演了历史上“狸猫换太子”的闹剧。有的说是汉女傻大姐所生，故事讲，雍亲王在热河打猎时，喝了鹿血壮阳，情急之下，和一个丑陋的汉女发生了苟且之事，生下弘历。而官方记载，当然是钮祜禄氏熹妃所生，档案留有记录。真是迷雾重重，让人难以选择。二是出生地迥异。这就更可笑了，一个人的出生地怎么会产生分歧呢？尤其是皇帝的出生地，一定清楚得很。可是关于熹妃生子的地点，却有两个：一为北京雍和宫；一为承德避暑山庄。

▲ 图3-6　雍正乾隆父子汉装像

这件事的起因，是在雍正帝去世之后，乾隆帝也死了，嘉庆帝也去世了，道光帝即位，过去了三个朝代，一百多年，却产生了熹妃生乾隆帝的地点分歧。嘉庆二十五年九月，刚刚登基的道光帝发现，在已经拟好的嘉庆帝遗诏中，产生了严重的错误，那就是把乾隆帝的出生地给搞“错”了，他认为乾隆帝不是出生在避暑山庄，而是出生在雍和宫。那么，究竟是什么地方记录了熹妃在避暑山庄生下了乾隆帝呢？据道光帝自己讲，是嘉庆帝在他的一首诗的注解中有这样的记录：“高宗纯皇帝辛卯岁诞生于山庄都福之庭。”（《清列朝后妃传稿》）所以，是嘉庆皇帝说的。嘉庆帝的遗诏就这样记录了此事，并且已经以国书的形式，发往各个藩属国，造成了无法挽回的影响。道光帝一面急忙下诏，追回已经发出的遗诏，一面命人赶紧修改，强行把乾隆帝的出生地一律改为“康熙五十年辛卯八月十三日子时，诞上于雍和宫邸”（《清高宗实录》）。大家想一想，道光帝为什么在意这样一个100多年前的问题呢？我想最关键的理由就是他要以官方的态度，为乾隆帝生母辟谣，告诉世人，乾隆帝的生母是钮祜禄氏，也就是熹贵妃，而绝非避暑山庄的丑陋汉女。

其次，我们说说熹妃之福。

都说熹贵妃是一个有福之人，可是，有好多人会问，福从何而来？其实，这绝非空穴来风，而是言之凿凿，言之有据。

根据之一是金口玉言。说熹妃有福，不是市井传出来的，而是皇帝说出来的。皇帝说出来的话，那可就是金口玉言了。究竟是哪一位皇帝，会对这样

▲ 图3-7　清宫布库

一位女子说出这样的话？就是她的公公康熙帝。事情发生在康熙六十一年七月十二日，正是牡丹花盛开的季节，胤禛把父皇康熙帝请到雍亲王住地狮子园，赏牡丹花，其时，12岁的弘历随父王一同觐见康熙帝。康熙帝看见这个孩子长相俊美，又聪明伶俐，十分喜爱。弘历也很长脸，给爷爷背诵了周敦颐的《爱莲说》，一点不磕巴地背诵完，康熙帝大喜，感到后继有人，十分高兴。于是，说了一句语惊四座的话，说弘历“福将过予”（《乾隆帝御制诗文集》）。就是说，这个孩子的福气将超过我。然后，他命令雍亲王嫡福晋，也就是我们在第二章说的那位头号甄嬛，把弘历的亲生母亲叫来，要看看。熹妃就这样，第一次拜见了自己的公公康熙帝。康熙帝看到熹妃之后，有什么反应呢？资料《清列朝后妃传稿》这样记载：“皇祖连谓之有福之人”。意思是说，康熙帝看了儿媳妇之后，当时就笑了，连连说她是有福之人。那么，这一次狮子园牡丹台相见，对于熹妃来讲至少有两大收获：第一，提高了自己的政治地位，最重要的是借此给自己的儿子带来了福运。也就是说，康熙帝想通过熹妃的相貌，来预测一下她的儿子弘历将来的命运，是否是一个可以托付江山社稷的人。为此，乾隆帝即位后感慨地说：“仰窥皇祖恩意，似已知予异日可以托付，因欲观圣母福相也。”（《乾隆帝御制诗文集》）第二，获得了“有福之人”的称号。康熙帝的这番话，不胫而走。不仅王府上下尽人皆知，就连皇宫大内也传开了。这可能是胤禛出于自己政治目的而宣传的，尤其是弘历即位后，把这段对话记录在案，产生了尽人皆知的效果。

根据之二是熹妃在宫中的地位不断攀升。本来，熹妃入宫有两个致命的弱点，一个是出身不高。她的父亲是一个四品典仪官，也就是一个厅级干部，这在等级森严的皇宫之中，是不占优势的。我们在《甄嬛传》中，看到华妃飞扬跋扈，丝毫不惧怕皇后，就连皇帝也要让她三分，就是因为华妃的哥哥年羹尧握有重兵，是皇帝的股肱大臣。事实就是这样，以熹妃这样的出身，想要在宫中占有一席之地，那是很难的。二是她的长相实在让人难以恭维。我们不妨看看熹妃的历史画像，方盘大脸，方面大耳，浓眉大眼，女人男相，也难怪康熙帝看到之后，会笑着说她，确实不是一个美人胚子。雍正帝对这样一位长相的

▲ 图3-8　圆明园牡丹台

女人会喜欢吗？

她很幸运。幸运的是，雍正帝并非一个好色之徒，对于女人的关注，远不如他对储位的关注，不停地角逐储位，淡薄了他对嫔御长相的关注。所以，熹妃的长相缺陷没有被过分放大。

她很有福。偶尔和胤禛的几次接触，熹妃就侥幸怀孕，而且，侥幸生下了一个男孩子，即让她足以自豪的弘历。

她连升两级。生下弘历，就为自己晋升妃位铺平了道路。所以，雍正帝一即位，在雍正元年，她就顺利被封为熹妃，“顷之，又进贵妃”（《清列朝后妃传稿》）。实际上，《传稿》记错了，直到雍正八年，熹妃才晋升为贵妃。尽管如此，熹妃在宫中的地位还是达到了前所未有的高度。据资料考证，到雍正三年，熹妃就已经成为宫中的二号人物，帮助皇后打理后宫；到雍正九年，中宫皇后病逝，熹贵妃总理后宫，大权独揽，成为后宫堂堂正正的头号人物。这等福运，不得不说得益于当年公公康熙帝的金口御封。

▲ 图3-9　孝圣皇后朝服像

根据之三是做了42年的享福太后。雍正帝去世，她虽然失去了丈夫，但是，她的儿子做了皇帝，自己成了皇太后，比之以前，就更加享福了。主要表现是：

第一，多次在儿子的陪伴下游山玩水。乾隆帝出巡是有名的，有好多微服私访的记载。其实，乾隆帝每次出巡，都是打着孝敬母后的旗号。《啸亭杂录》记载："纯皇侍奉孝圣宪皇后极为孝养，每巡幸木兰、江浙等处，必首奉

▲ 图3-10　乾隆奉母南巡驻跸杭州

慈舆，朝夕侍养。”

四次南巡：乾隆十六年、乾隆二十二年、乾隆二十七年、乾隆三十年，共四次出巡，总天数近500天。

三次巡幸五台山：乾隆十一年、乾隆十五年、乾隆二十六年，共三次，达到100余天。

四次东巡泰山：乾隆十三年、乾隆二十一年、乾隆三十六年、乾隆四十一年，共四次，达到180余天。

两次巡幸盛京，也就是沈阳：乾隆八年、乾隆十九年，共两次，达到260天。

此外，乾隆帝还陪着母后到避暑山庄29次。可以想见，每次出巡，浩浩荡荡，朝廷要花费大量银两，地方官还要极尽报效之能事，使得太后享尽了人间富贵。

第二，太后过生日，靡费无度。熹贵妃做皇太后时是44岁，之后，她做了42年太后。在宫里，儿子给她做了几个十年整寿：乾隆十六年60大寿，乾隆二十六年70大寿，乾隆三十六年80大寿。每次整寿，宫廷内外，大加庆祝，靡费无度。

这样看来，熹贵妃确实是享尽了人间的荣华富贵，是一位名副其实的有福之人。然而，我们还应看到，熹贵妃在风光的背后，一定也有难言之隐。

这里，我们关注的是熹贵妃内心的孤独

▲ 图3-11　乾隆为母祝寿

▲ 图3-12　雍正行乐——观花

与冷寂。

我们在《甄嬛传》中看到，甄嬛因遭到皇帝冷遇而倍感孤独，也因与喜爱的果郡王不能在一起而痛苦不堪。实际上，真实的熹贵妃也会有这种感受。

第一，只有一次的生育，使熹贵妃心里很失落。

熹贵妃身体是很好的，这毫无疑问。我们从她后来多次随儿子出巡，就可以看出来。从她活了86岁高寿，也可看出来。可是，由于她长得并不漂亮，雍正帝不会长久宠爱她。所以，她虽然身体极好，但却只生育了一个孩子，生弘历的时候，她20岁。从她21岁开始，直到丈夫去世，她44岁，期间，正是一个女人生育的最佳时期，但是，她却没有再生出一儿半女。而在此之后，雍正帝和别的女人又生育了5个孩子。我们还注意到，雍正帝的后妃之中，齐妃生了4个孩子，年妃生了4个孩子，懋嫔宋氏还生育了2个孩子。所以，我们可以想见，熹贵妃看到别的女人被频繁召幸，而且还生育了好多孩子，会是怎样一种失落的心境呢？

第二，想到儿子的前途，内心很纠结。

熹妃生下弘历后，她把全部希望都放在这个孩子身上，而没有在丈夫雍正帝身上。这很好理解，因为皇帝是大家的，是所有妃嫔的，而孩子是自己的。所以，她的荣辱、兴衰全部系于弘历一身。可是，这个孩子将来的命运怎么可能由自己来决定呢？只有听天由命！在雍正帝还是王爷的时候，她担心这个孩子将来能否袭封丈夫的爵位。因为，按照规定，一个王爷的子嗣，只有一位可以袭封，而且还要降一个等级，因为她的丈夫并不是铁帽子王。狮子园牡丹台被公公召见以后，听到康熙帝连连称赞母子二人，熹妃心潮澎湃，但是，那并不能说明什么，因为自己的丈夫都还没有把握是否能够继承帝位，怎么能奢望自己的儿子可以承继大统呢？所以，这个时候，是惊喜与失落并存，心绪是很复杂的。雍正帝即位以后，成活的皇子有四个：弘时、弘历、弘昼和弘瞻。这四个皇子相对比，弘历并没有明显的优势。母亲们对比，她要输给齐妃。因为齐妃比自己年轻又漂亮，还在王府的时候，她就已经是侧福晋了，地位远远高于钮祜禄氏，钮祜禄氏只是王府“格格”。所以，齐妃很是得宠，接连的生育就是证明，她生育了四个孩子。四个皇子相比，弘历会输给谁呢？很可能是齐妃所生的皇三子弘时。因为，弘时比弘历年长七岁，由于雍正帝第一子、第二子早殇，弘时实际上处在皇长子的地位，加之母亲得宠，按常理推之，应是皇储的最佳人选。所以，直到雍正五年，弘时因为特殊的原因，被开除宗籍，不久死去，这个时候，熹贵妃才真正舒了一口气。

第三，短暂的"失子"之痛，内心的难言之隐。

熹妃没有想到，有一天弘历会离开自己。康熙六十一年七月十二日，康熙帝在牡丹台见到小弘历之后，十分喜爱。接着，康熙帝做了一个惊人的决定，就是把弘历接进宫中抚养。《东华续录》记载："朕自幼龄，仰蒙皇祖慈爱，抚育宫中。"讲的就是这件事。从此，年仅12岁的小弘历进宫了。

大家知道，熹贵妃一生仅仅这么一次生育，耗尽了心血抚养这个孩子。可以说，母子二人相依为命，互相照顾，是无法分开的。这点从乾隆即位后，对母后的态度上就可以看出来，母子二人感情何其深厚。

尽管当时，康熙帝选择了自己的两个妃子佟佳氏和瓜尔佳氏来照料弘历，两位也尽了很大努力，但是，毕竟不是亲生母亲，弘历没有离开过亲生母亲，孩子和母亲都经历着离别的煎熬和痛楚。这种情况，一直延续到康熙六十一年十一月十三日，康熙帝去世，弘历才得以回到自己母亲的身边。

第四，儿媳不孝，诅咒自己。在雍正帝去世之后，高高在上的熹贵妃母以子贵，晋封为皇太后，享尽荣华富贵。可是，在极为享福的同时，她万万没有想

▲ 图3-13　康熙帝像

▲ 图3-14　点翠穿珠花卉钿子

到，儿媳竟然诅咒自己。而且，这个儿媳是自己亲自选中的，非常喜欢的女人。当时，她多次催促儿子，尽快封这个女人为中宫皇后。可是，让她意想不到的是，这个儿媳妇竟然在南巡途中，自行剪发，诅咒婆婆。所以，《录副奏折》记载："皇后性忽改常，于皇太后前不能恪守孝道。"太后伤心极了，一怒之下，怂恿儿子废掉了这个女人。

讲到这里，我们对这位有福的熹贵妃有了一些了解，她虽被称为"有福之人"，却也有很多烦心之事，这就是人生。下一章我将和大家一起探讨雍正帝后宫的第三号甄嬛——年妃，这位年妃其实隐藏了许多历史真相，看看这位厉害的女人到底又有怎样的宫闱秘辛呢？

Chapter 4

第四章

# 独一无二的贵妃

给大家在电视剧中留下最深刻印象、个性最鲜明的人是谁呢？是那个飞扬跋扈的华妃。华妃的家庭背景很厉害，因为她的哥哥是尽人皆知的年羹尧。我们查阅了一下雍正帝的后宫，年羹尧果然有一位妹妹是年姓妃子，但是，她的宫中封号不是华妃，而是年妃。据此推测，《甄嬛传》中的华妃就是历史上的年妃。

华妃和年妃，原型是同一个人，却有两种结局：电视剧情节中为了限制华妃家族的势力，雍正帝和皇太后给她下了麝香，致使她终生不能生育。于是，她在悲愤交加之后，绝望地撞墙身亡；史实则是年妃在雍正帝的百般呵护下，在太医的精心照料下，“幸福”地死去。我们相信历史，相信爱情的力量，也相信雍正帝在年妃弥留之际，所表达出来的感情是真挚的。

# 第四章　独一无二的贵妃

这一章要讲的是雍正帝的三号甄嬛——年妃。给大家在电视剧中留下最深刻印象、个性最鲜明的人是谁呢？是那个飞扬跋扈的华妃。华妃的家庭背景很厉害，因为她的哥哥是尽人皆知的年羹尧。我们查阅了一下雍正帝的后宫，年羹尧果然有一位妹妹是年姓妃子，但是，她的宫中封号不是华妃，而是年妃。据此推测，《甄嬛传》中的华妃就是历史上的年妃。

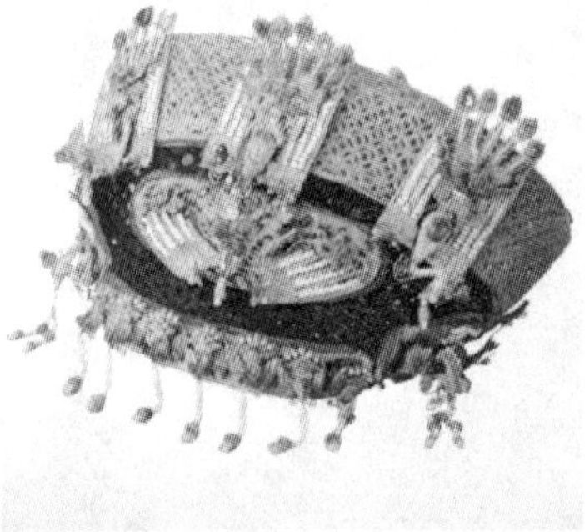

▲ 图4–1　凤钿

我还是谈一下我对华妃这个人物的几点认识：

一是飞扬跋扈。

这是作者刻意塑造的人物形象，也是华妃最明显的性格特征。把华妃的性格概括为飞扬跋扈，那是再合适不过的了。她个性极为张扬，在宫里谁都要对她惧怕三分，俨然是后宫之主。我们知道，在后宫，等级十分森严，丝毫不得逾越。按照宫廷制度，清朝的后宫明显分出八个等级：皇后、皇贵妃、贵妃、妃、嫔、贵人、常在、答应。而且，每个级别也都有固定的数目：皇后1人、皇贵妃1人、贵妃2人、妃4人、嫔6人，贵人、常在、答应无定数。这八个等级在各种待遇方面有着严格的界限，比如服侍她们的宫女数量，《国朝宫史》卷八记载：“皇后宫十名，皇贵妃位下八名，贵妃位下八名，妃位下六名，嫔四名，贵人位下四名，常在位下三名，答应位下二名。”又如各主位的年例银两数量，也就是年薪，

《国朝宫史》卷十七记载："皇后银一千两，皇贵妃银八百两，贵妃银六百两，妃银三百两，嫔银二百两，贵人银一百两，常在银五十两，答应银三十两。"从最高的一千两到最低级的三十两，真有天壤之别。

▲ 图4-2　孝惠章皇后像

对于皇后的权力，我们需要重点了解。她管理着后宫妃嫔们的升迁、待遇、幸宫、出行等方方面面的事情，是大当家的。同时，还有"中宫签奏"之权，也就是签字权，这就很厉害了，人家不签字，事情就做不了。也就是说，一方面，皇后要和太后一起管理后宫；另一方面，还要向皇帝奏报重要的后宫事项。当年，顺治帝由于不喜爱孝惠章皇后，但又不能再次废后，便以终止其"中宫签奏"之权泄愤。可是，《甄嬛传》中，华妃的权力真是大得很，后宫的事她无所不管，谁都要怕她。

▲ 图4-3　嘉靖帝像

皇帝忌惮她，雍正帝要和甄嬛见面，还很担心被华妃知道，这主要是她的哥哥年羹尧在起作用；皇后更不要说了，自己的职权不时被华妃侵占，比如管理六宫之权，就连皇后派去的卧底福子被华妃杀害，皇后也不敢对她怎样。妃嫔们更是噤若寒蝉，非常怕她。华妃在后宫之中，那真是如入无人之境，可以决定六宫妃嫔的一切待遇，不经过她，不依附于她，那就休想有好日子过了。

二是狠虐毒辣。

在《甄嬛传》中，大家看到，华妃的狠辣简直达到无以复加的程度。对于下人福子，她先是掌嘴毒打，接着又命人将其推入井中淹死。不仅如此，华妃居然敢于对宫中嫔御下毒手。夏冬春是和甄嬛一起选秀进宫的秀女，被皇帝看中，有封号，华妃为了树威，居然对其施以严厉的刑罚——一丈红，最终，夏冬春成了残废。电视剧的这种表达方式很好看，情节吸引人。但是，在这里，我要对清宫后妃动用刑罚的事加以说明。

《甄嬛传》中华妃对夏冬春所用“一丈红”， 是一种残酷的刑具，其实就是廷杖之刑，这是一种十分严厉的刑罚。《甄嬛传》里面反复提到“一丈红”，清代后宫里，等级高的妃子真的可以对低级的妃子用刑吗？什么是廷杖呢？廷杖，即是在朝廷上行杖打人，是对朝中的官吏实行的一种惩罚，最早始于东汉明帝，《后汉纪》记载：“明帝时，政事严峻，故卿皆鞭杖。”廷杖一般是由栗木制成，击人的一端削成槌状，且包有铁皮，铁皮上还有倒钩，一棒击下去，行刑人再顺势一扯，尖利的倒钩就会把受刑人身上连皮带肉撕下一大块来，这是早期的廷杖。到清朝时，已经没有这么厉害的工具了。廷杖使用最多的是明代，成为一种制度，开始于明太祖朱元璋，打死开国元勋朱亮祖。到明世宗嘉靖年间，嘉靖皇帝为了追封自己的生父兴献王为皇帝，不惜与群臣反目。自己的父亲，本是一个王爷，嘉靖帝非要追尊为皇帝，大臣们能干吗？于是，朝臣二百余人跪于左顺门前力争，激怒了嘉靖帝，一百余人遭到杖打，当场廷杖而死者就达到十六人，这次恶性事件，历史上称之为“大礼仪之争”。在清朝的宫廷史中，绝少看到廷杖的刑罚，最明显的只有两次记录：一次是乾隆帝惇妃打死宫女。惇妃这个人脾气大，乾隆四十三年，惇妃不知什么原因，竟然杖打了身边的一个宫女，最终打死了这个宫女。这件事情被报给乾隆帝，乾隆帝非常恼怒，他马上做了指示，说，即使是我，对犯错误的小太监，也不敢把他打死，“不过予以薄惩，杖责二十，至多不过四十”（《清高宗实录》）。何况是对待那些宫女呢？乾隆帝为此重惩了惇妃，先是降格为惇嫔，接着罚款，要惇妃负责死者的丧葬费和家属的生活费，并对她身边的太监宫女进行了严惩。乾隆帝这么处理，还算是客气的了，主要有两点原因，一是惇妃年轻，比乾隆帝小36岁，乾隆帝比较喜欢这个妃子；另外，最主要的是惇妃生了乾隆帝最小的女儿——十公主。小公主是乾隆帝的掌上明珠，乾隆帝曾说过这样的话，如果你是男孩的话，我会把皇位传给你。可见，乾隆帝对惇妃是法外施恩的。但即使如此，也还是给予了惩处，足见清朝皇帝对后妃滥用廷杖之刑是多么厌恶。另外一次，就是珍妃被“褫衣廷杖”。（胡思敬《国闻备乘》里面有记录）。光绪二十年十月二十八日，因为珍妃恃宠而骄，卖官鬻爵，证据确凿。比如鲁伯阳以四万两白银买到上海道，河南巡抚裕长向珍妃行贿，等等，这些非法收入，珍妃都一一记录，你说，她还给人留下了罪证。账本被慈禧搜出，于是，慈禧对珍妃“褫衣廷杖”，意思为脱去衣服直接对肉体暴打。可怜珍妃，一个弱女子，被打得皮开肉绽，奄奄一息。太医把脉的时候，几乎没有了呼吸，出手真是太重了。这还不算，慈禧又下了一道严厉的谕旨，将珍妃降为贵人。清朝宫廷使用廷杖的记录，大致就这么两次。其他的像廷杖太监、不法大臣等，也可能会有。但是，华妃这样的主位，对同是雍正帝嫔御的夏冬春施以“一丈红”，那是绝对不可能的事情；另外，华妃也不会敢于如此大胆，就把一个宫女推进井中淹死，那真是胆大包天了。

三是干预朝政。

《甄嬛传》中，屡屡出现华妃干预朝政的镜头。比如第四十集，雍正帝准备大加惩治年羹尧，华妃闻讯，急忙前往养心殿，向皇帝替哥哥求情；再比如第十四集，华妃劝说雍正帝处死安陵容之父安比槐，等等。这种后妃公开干预朝政，是宫中大忌。清朝对后妃有严格的规定，不准后妃干政。慈禧就曾经说过，在承德的时候，她奉命帮助咸丰帝处理政务，但是，她绝不敢多说一句话，只是帮助皇帝对王公大臣的奏折，按照类别分清楚。做完这些事，慈禧就像侍女一样，静静地站在一旁，目不斜视，等候吩咐。《圣德纪略》记载：“文宗显皇帝在宫内办事时，必敬谨侍立，不敢旁

▲ 图4-4 乾隆帝惇妃

▲ 图4-5　珍妃

▲ 图4-6　畅音阁大戏楼

窥，一无所知。”慈禧把自己说得太无辜了。所以，到光绪二十年，珍妃干政的时候，慈禧决定严惩。《清德宗实录》记载，光绪二十年十月二十九日谕内阁：“朕钦奉皇太后懿旨，本朝家法严明，凡在宫闱，从不敢干预朝政……瑾妃、珍妃均著降为贵人。”所以，大家想一想，如果哪位后妃敢于像华妃那样干预朝政，早就会被按照家法处置了。

四是工于心计。

华妃工于心计，在《甄嬛传》中无处不在，她策划了一个个险象环生的故事情节。比如，在第17集中，由于雍正帝十分喜爱曹贵人所生温宜公主，华妃便用计把公主从她亲生母亲身边抱走，由她抚养。再比如，她为了夺得雍正帝的宠爱，便使用计策，把自己的心腹颂芝引荐给皇帝，勾引皇帝。

正是由于华妃的上述特征，作恶多端，结怨多人，华妃便很自然成为众矢之的。有人甚至用宫中最恶毒的巫术诅咒她。如在第21集中，安陵容用身上扎满银针的小人作为打击目标，诅咒华妃。在并不发达的时代，会有这样的事情发生。而且，可以这样说，凡是使用巫术的人，都是弱势群体，这是一种精神胜利法。在清宫档案中，我们也看到了两次使用巫术的事件：

第一次是褚英使用巫术。褚英是努

尔哈赤的长子，他作战勇敢，战功卓著，努尔哈赤封他为广略贝勒，并授权褚英处理部分军政事务，这年他才29岁。褚英也因此遭到“四大贝勒”代善、阿敏、莽古尔泰、皇太极，以及“开国五大臣”额亦都、费英东、何和礼、安费扬古和扈尔汉等人的嫉妒。他不断向努尔哈赤进这些人的谗言，最终遭到努尔哈赤的惩治。褚英不思改过，并在努尔哈赤带领众皇子、大臣出征之际，对天焚表诅咒出征的父汗、四兄弟、五大臣，说：“吾兵出征，愿其败于乌拉，战败之时，吾不许父汗及诸弟入城。”（《清太祖实录》）褚英也真是太糊涂了，竟然这么诅咒自己的父亲，犯了大罪。这件事被揭发出来，褚英获“咀呪”之罪，被圈禁高墙之中，给管制起来了，两年后，努尔哈赤杀了他。

第二次胤禔用巫术镇魇胤礽。胤禔是康熙帝长子，他与一个会巫术的蒙古喇嘛巴汉格隆有来往。由于他觊觎皇位，便千方百计整治皇太子。他想了个办法，利用喇嘛以巫术镇魇皇太子，就是喇嘛念咒语，诅咒太子，致使皇太子神志迷离，犯下种种错误。当然，我们今天从科学角度分析，不会这么简单，一定另有隐情。这件事被康熙帝的皇三子胤祉揭发，康熙皇帝极为气愤，宣示胤禔为“乱臣贼子”。下令，夺郡王爵，严加看守，在府第高墙内幽禁起来。他被囚禁在高墙内达26个春秋，直至雍正十二年十一月初一日被幽死，终年63岁。

▲ 图4-7 胤禔像

这就是大家在电视剧中了解的华妃。那么，在档案中，华妃的原型年妃究竟是怎样一个人呢？让我们走近她，揭开这个权势人家出身的女子的庐山真面目。年妃在雍正帝的后宫之中，确实占有举足轻重的地位。我查阅大量史料，发现了其中的奥秘。

首先，她确实出身煊赫。《清朝文献通考》记载：“年氏，汉军镶黄旗人，湖广巡抚年遐龄女。”其实，她的父亲是巡抚这一点就已经很厉害了，因为巡抚就是封疆大吏了。不仅如此，她的大哥年希尧也有很煊赫的政治地位，他曾任工部侍凤钿为钿子的一种，其形制特点为装饰凤翟并且有流苏垂下。从清初到清中后期，凤钿为各种钿子之中最正式也是最繁杂的一种。凤钿唯“新妇宜用”，有时也作为礼服头饰穿用。

▲ 图4-8　凤钿

▲ 图4-9　后妃服饰

郎、内务府总管大臣，这是朝廷命官。然而，这都不算，更为重要的是她的第二个哥哥年羹尧，任川陕总督、抚远大将军，手握重兵，节制西北，是朝廷中炙手可热的人物，这么说吧，年羹尧这个人，连雍正帝都要惧怕三分呢。年妃出生在这样一个官宦人家，在后宫之中，确实令人侧目。也正因为如此，年妃早年入王府，就已经是胤禛的侧福晋了。

其次，封号一路飙升。在档案中，当她还在王府的时候，就已经称之为“侧妃”，这和乾隆帝生母熹妃称之为“格格”，大为不同。按说，年妃比之熹妃进入王府时间较晚，但是，她的地位却一路飙升，远远高于熹妃。雍正帝即位后，年妃更是得到很高的封赠。雍正元年二月，尽管雍正帝生母孝恭仁皇后心情很不好，还是履行了她作为皇太后的职责，以懿旨的形式，册封年氏为贵妃。这就很厉害了。《清世宗实录》记载：“侧妃年氏封为贵妃。”要知道，皇帝后宫之中，绝不会轻易就晋封贵妃的，因为，皇后只有一位，那是固定的，就是中宫皇后。之后，皇贵妃一般空缺，不设实职。之下就是贵妃了，也就是后宫的二把手，雍正帝怎么会轻易就给人呢？乾隆的生母熹妃，虽然自己的儿子早就已经立为储君，熹妃的身份却一直未变，直到雍正八年，才有机会晋升。可是，雍正帝一即位，就晋封年氏为贵妃，而且仅此一位。这是其他妃嫔一辈子都很难得到的殊荣。

再次，我们不得不说，这个女人确实很优秀，是一个优秀的女人。年妃虽然出身高贵，但她还在娘家时，就已经培养出了非常优秀的品德，表现是：

温柔。年氏深知一个女人的本分，进入王府，成为胤禛的侧室。她在丈夫面前，更多表现出来的是温柔和体贴，简直就是一个宫廷版的林黛玉。因而，《清世宗实录》中记载，说她“秉性柔嘉”。小心。这恐怕不是每个人都能做到的，尤其是身处高位。年氏虽为官宦子女，但是她侍奉丈夫小心翼翼，丝毫不敢造次，并且，丝毫不敢涉及时政。尤其是雍正帝即位后，在雍正二年，她回家省亲，发现哥哥年羹尧有好多违制的事情发生，比如抢占蒙古贝勒之女，家下奴才穿违制服装，等等。年氏看得心惊肉跳，心情极为紧张。回到宫里，她更加小心谨慎。更为重要的是，凡是家里送来的信件，她都先给雍正帝拆开看，先让皇帝看了，自己再看，以此避嫌。所以，《枝巢清宫词》记载：“偶有家书，必先呈御览，故得全始终礼。”

礼敬。是对皇后而言。在年妃的上面，只有两个人，一个是皇帝，一个是皇后。对皇帝小心翼翼，就已经使她心力交瘁了。更为难的不是这个，而是对待皇后。同为女人，级别相差又不多，自己要怎么做呢？年妃认为，没有别的选择，只有毕恭毕敬，尽心辅佐皇后，事事多请示，多做事，少说话，那才是自己做人的准则。所以，《清世宗实录》记载：“于皇后前恭谨小心。”

最后是俭朴。可以想见，年氏在娘家的时候，一定是过着锦衣玉食、无忧无虑的生活。进入王府以后，年氏很快约束了自己，因为她深知满人发祥东北，素来崇尚俭朴，当年顺治帝的第一位皇后博尔济吉特氏就是因为太过奢侈，吃饭用的餐具，如果不是金银，就会大发脾气，从而遭到顺治帝厌恶，最终被废。年妃记住了，虽然娘家条件好，但到宫里也要学会节俭过日子。有了这样的思想，年妃便处处节省，深得人们赞许，《清列朝后妃传稿》这样记录：“（妃）克勤克俭”。

再者，我们看到，年妃是雍正帝后宫中的“英雄母亲”。她由于得宠而成为

▲ 图4-10　清宫洗三盆

▲ 图4-11　雍正行乐——参禅

雍正帝后宫中生育最多的女人。年妃之得宠，在宫中是有目共睹的。她进入王府虽晚于其他人，但由于她卓越的品质和个人素质，很快得到雍正帝的青睐，得到了王府上下的敬重。也因为如此，年妃有了接连的生育。从雍正帝子女分析来看，雍正帝的14个子女中，有4个是年妃所生。所以，从生育这个角度，年妃具备以下特点：生育最多。雍正帝的后妃之中，有7位生了孩子，她们是中宫皇后钮祜禄氏、熹贵妃、年妃、裕妃耿氏、齐妃李氏、谦妃刘氏、懋嫔宋氏。这些后妃共为雍正帝生了14个孩子，其中皇子10个，皇女4个。年妃自己就生育了4个孩子，其中三个皇子，一位公主。这在雍正帝后宫之中，是生育最多的了。再有就是连续的生育。年妃生孩子的时间比较晚了，她的4个孩子分别是康熙五十四年、五十九年、六十年和雍正元年。我们可以看出来，这四个孩子中有三个是连续生育的，而在康熙五十四年到雍正元年这9年的时间里，也只有年妃自己有生育，其他妃嫔都没有任何生育。

同时，我们还看到，年妃身体不好。年妃身体一直不好，我的感觉就是，她很像《红楼梦》中的林黛玉，好像刮来一阵风就被吹倒了。这可能是有原因的。我估计，最关键的原因应该是忧虑。大家可能不太理解，一个衣食无忧的贵家小姐，有什么担心的事情呢？大概两点吧，一是进入皇家为妻，上有皇帝、太后、皇后，下有众多妃嫔，劳神费心；二是娘家的兄长，一向飞扬跋扈，中外闻知。这点太可怕了，稍有不慎，就可能招来横祸。而恰恰是年羹尧不知收敛，自己一个女人又不知道如何干预，因而，长期忧虑成疾。所以，连雍正帝都知道年妃身体不好，说她“体素病羸”（《清世宗实录》）。

这就是我们通过档案，对雍正帝这位年妃的五点认识。那么，年妃这样一个女人，在雍正帝心目中究竟占有怎样的地位呢？我认为，年妃是雍正帝最爱的女人，他和这个女人之间有着很深厚的感情。只有在与年妃的相处中，我们才能看出雍正帝这个冷面皇帝的侠骨柔情。爱她就会有所表现，雍正帝为这个深爱的女人都做了什么呢？

第一，给爱妃以最虔诚的祝福。

出生在年家，有这样一位哥哥，是福是祸呢？年妃紧张而焦虑的心里已经有了答案。这一点，聪明的雍正帝很早就看出来了。但是，爱妃是不敢说的，自己也不便说出来。否则，就会使爱妃背上干预朝政的罪名。所以，雍正帝采用一种特殊办法，那就是她所生的孩子改变既已确定的命名模式，由“弘”字开头，改为“福”字开头，来为爱妃祈福，为她所生的孩子祈福。年妃所生皇子分别命名为：福宜、福惠、福沛。

第二，给爱妃冲喜。

进入雍正三年，年妃的身体每况愈下，一天不如一天。到十一月，就已经卧病在床了。虽然太医极力调理，仍不见起色。正当爱妃在病中煎熬的时候，焦急的雍正帝想起了一个办法——为之冲喜。把年贵妃的位号再提升一个档次，那就是皇贵妃了。给她提升职称，没准管事，这是没有办法的办法了。可是，要知道，提升为皇贵妃可是十分敏感的事情。一般来讲，皇贵妃位置直逼皇后，会对皇后造成心理压力。所以皇贵妃这个位号一般是虚而不设的。清

▲ 图4-12　皇贵妃冬朝冠

代历朝皇帝基本都是这样。但是，雍正帝仍然下旨：“贵妃可封为皇贵妃。”（《清列朝后妃传稿》）

第三，为爱妃深深自责，这完全不是雍正帝的风格。

就在年妃弥留之际，雍正帝很是不安，他陷入了深深的自责之中。他对王公大臣说，三年以来，我一直忙于政务，很少关注年妃的身体。当妃子病重的时候，“凡方药之事，悉付医家，以致耽延日久”（《清世宗实录》）。雍正帝陷入深深自责而不能自拔。就这一点，对于雍正帝来讲，是很难做到的，就连皇后都没有享受过。

第四，特旨将来和爱妃合葬。

尽管雍正帝很爱年妃，对她投入了真挚的情感，冲喜也好，自责也罢，终究没有能够挽回年妃的生命。就在雍正帝决定晋升年贵妃为皇贵妃的时候，她的病情已经转为重症。虽然听到了晋升的喜讯，但是，年妃的病已经不治，终于在圣旨下达后的第七天，也就是雍正三年十一月二十二日，年妃离开了人世。年妃走得很匆忙，皇贵妃的册封礼都还没有举行。雍正帝得到年妃病逝的消息，悲痛万分，于是，他决定为爱妃再做点什么。首先是大办丧事。本来，年妃的身份由于没有举行册封礼，实际上还是贵妃的身份。雍正帝下旨：“一切礼仪，俱照皇贵妃行。”等于给她抬格办理丧事。接着是辍朝五日，五天不上班，专门办理丧事。本来，贵妃或皇贵妃这个级别的本朝妃子，去世后皇帝可以辍朝，也可以不辍朝。而前朝的太妃们去世后，当今皇帝为了表示孝顺，那是一定要辍朝的。可是，年妃去世后，雍正帝当即决定，辍朝五日。最终，他决定将来与爱妃合葬在一起，永生永世不分开。这是雍正帝的重要决定。本来，雍正帝的泰陵地宫，只和中宫皇后合葬，不会有其他人进入。可是，雍正帝一生之中，最爱的女人就是年妃，最放心不下的也只有年妃，所以，他决定，百年之后，要和爱妃合葬泰陵。乾隆二年，他的儿子乾隆帝帮助他实现了这个愿望，年妃的棺椁得以葬入泰陵地宫之中，永远陪伴在一代明君雍正帝的身边。

讲到这里，大家难免有些感慨。华妃和年妃，原型是同一个人，却有两种结局：电视剧情节中为了限制华妃家族的势力，雍正帝和皇太后给她下了麝香，致使她终生不能生育，于是，悲愤交加之后，绝望地撞墙身亡；史实则是年妃在雍正帝的百般呵护下，在太医的精心照料下，“幸福”地死去。我们相信历史，相信爱情的力量，也相信雍正帝在年妃弥留之际，所表达出来的感情是真挚的。其实，雍正帝后宫有成群的甄嬛，她们一进宫，就开始了神秘的宫廷生活，大家一定很想了解甄嬛们的宫中生活状况，下一章我将给大家解密。

Chapter 5

第五章

# 鲜为人知的后宫生活

今天，人们对皇宫内发生的事情一定很感兴趣，因为神秘吧。就连那些甄嬛们进宫之前，都会产生很多很神秘的问题，比如，宫里面的人怎么生活啊，会有很多规矩吗，等等。这一章我就给大家讲解这些甄嬛们入宫之后的生活状况，揭开她们日常生活的神秘面纱。

我们看《甄嬛传》，经常会看到后妃们拿着精美的食器，吃着宫廷美食。甄嬛们的每日饮食都是怎么安排的呢？甄嬛们在后宫里面，到底都吃些什么呢？我们看到了一些档案记载。这里，我告诉大家，由于等级不同，她们的食膳会有天壤之别。从她们的每天份例供应上，就能看得很清楚，单以皇后一天供应为例：猪肉十六斤（盘肉）、羊肉一盘、鸡鸭各一只、新粳米一升八合、黄老米三合五勺、高丽江米一升五合、粳米粉一斤八两、白面七斤八两、麦子粉八两、豌豆三合、白糖一斤、盆糖四两、蜂蜜四两、核桃仁二两、松仁一钱、枸杞二两、干枣五两、猪肉九斤、猪油一斤、香油一斤六两、鸡蛋十个、面筋十二两、豆腐一斤八两、粉渣一斤、甜酱一斤六两五钱、清酱一两、醋二两五钱、鲜菜十五斤、茄子二十个、王瓜二十条、白蜡五支、黄蜡四支、羊油蜡十支、羊油更蜡一支、红罗炭二十斤、黑炭六十斤。（《国朝宫史》）

# 第五章 鲜为人知的后宫生活

▲ 图5-1 后妃梳妆

今天的人们对皇宫内发生的事情一定很感兴趣，因为神秘吧。就连那些甄嬛们进宫之前，都会产生很多很神秘的问题，比如，宫里面的人怎么生活啊，会有很多规矩吗，等等。这一章我就给大家讲解这些甄嬛们入宫之后的生活状况，揭开她们日常生活的神秘面纱。

一、先说甄嬛们的美容。因为女人，尤其是宫里的女人，最在意的一件事，就是保持美丽的容颜了。我们大家看《甄嬛传》的时候，看到那些甄嬛们不仅长相漂亮，而且穿着讲究，饰品华丽，这里，我就给大家讲讲这些爱美的甄嬛们是如何美容的。

精心梳头。满族和汉族有很大区别，我们所看到的甄嬛们的发式，其实都叫“两把头”，这是满族妇女最具有代表性的发式，就是把头发束在头顶上，分成两绺，结成横长式的发髻；再将后面余发结成一个“燕尾”式的长扁髻，压在后脖领上。横向的发髻，要由扁方来缠绕固定。《清末贵族之生活》一书中，讲道“满族女子平时梳‘两把头’，式样简朴。皆以真发挽玉或翠之横‘扁方’上”。这个扁方就是长30厘米、宽4厘米的尺形板子。要梳好两把头是很费事的事情，甄嬛们很多的时间要流连在梳妆台前，在那里对着镜子梳头，自警，看看自己是不是很美丽，是不是随着时间的推移，容颜已经老了。

所以，梳头的时间，也是她们想心事的时间。在宫里，有专门的梳头太监。他们在早上拿着工具，一般是梳具，有象牙梳具、黄杨梳具等，都是世间看不到的珍品。如给慈禧梳头的，就是一个叫刘德盛的老太监。到了宫中她的寝室，先喊老佛爷吉祥，太后叫进去，才可以进来。《宫女谈往录》记载：“刘太监进屋后磕头，打开黄云龙套包袱，拿出梳头的篦子、梳子、篦子等工具，开始梳头。”梳头的时候，太监们察言观色，讲些恭维主子的故事，也会把自己看到的社会现象，添油加醋地讲给主子们，甄嬛们的宫外信息大部分是这个时候听到的。这里讲一下，那些梳掉的头发，一般是不能扔掉的，它们要由宫女收藏起来，将来去世后，连同珍宝一起随葬。慈禧的头发就是这样，死后葬在了豪华的大棺材之中了。

漂亮的护指。我们看到《甄嬛传》里面的主子们，都带着长长的护指。这些护指看上去很漂亮。大家一定会问，后妃为什么要戴护指呢？其实，之所以名之为护指，就是为了保护指甲。因为，这些深宫的甄嬛们是留长长的指甲的。最长的指甲，有几寸长，比如资料就记载了慈禧太后的指甲长度：“老太后几年精心养长的指甲，尤其是左手无名指、小指指甲足有两寸来长！”（《宫女谈往录》）而且，我们通过照片看到，慈

▲ 图5-2　清宫后妃梳具

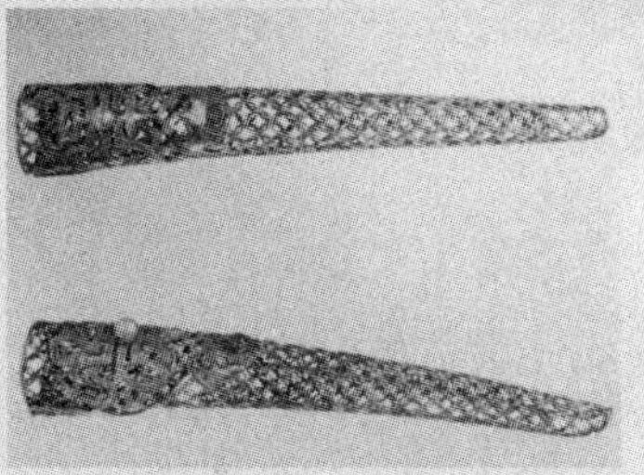

▲ 图5-3　清宫后妃护指

护指在清朝的后宫中普遍流行，以金、银、玉、玳瑁、铜等为材料，利用镶嵌、镂空等手法，形成自然流畅、精致美观的造型。

禧留的是大拇指、无名指和小手指的指甲。资料记载，大拇指要修剪成片指甲，呈现马蜂肚子形状；无名指和小手指，要修剪成半圆筒子状。所以，这些指甲由于很长，要精心保护。一是要用特制的药水泡，软化指甲；二是要打上甲油，保护指甲亮色；三是要戴护指，以便保护指甲不被破坏。这些护指会随着季节变化而有所变化。夏季，一般戴玉护指，凉爽；冬季，要戴锦护指，里面有棉子，保暖；春秋，则戴金、银护指。而《甄嬛传》中，主子们戴的护指都是春秋护指。

▲ 图5-4　清宫后妃太平车

太平车美容。太平车，就是玉滚子，美容器。在《甄嬛传》中，飞扬跋扈的华妃，随手拿着一个玉滚子，在脸上推来推去，意思是她在美容呢。但是，实际上并非那么简单。后妃美容，不仅需要太平车，还要往脸上涂抹东西。我们查阅档案时，发现了这种涂抹的东西叫“玉容散”，配方有白芷、白牵牛、白丁香（麻雀粪）、鹰条白（鹰粪）等十六味中药。大家很难想象，麻雀粪和鹰粪竟然可以美容用。做法是用温水调和，搓面，再用太平车反复滚动，就可以达到美容效果。

当然，甄嬛们美容的办法并非这么简单，还有很多其他方剂以及内服的药剂服务于她们，达到外抹内服的功效。

二、我们聊聊甄嬛们的娱乐。在宫中，由于惧怕甄嬛们生活单调，皇帝会找些娱乐活动，来调剂甄嬛们的单调生活。在《甄嬛传》中，就有甄嬛坐在秋千上，荡来荡去，很是娱乐和休闲。实际上，皇帝会绞尽脑汁，在不同的季节，想方设法弄一些娱乐活动，来排遣后妃们的孤单心理。

首先是不同的节日，会有不同的娱乐活动安排。

元宵节，看烟火。每到元宵节，宫中称之为上元节，都要在圆明园山高水长放烟火，场面极为壮观。清代文学家赵翼，这样描述清宫在圆明园放烟花的盛况：“烟火大发，其声如雷霆，火光烛半空，但见千万红鱼奋迅跳跃于云海内，极天下之奇观矣。”那些后妃们，看着五彩斑斓的烟花，极为兴奋。

清明节，荡秋千。这是我国古代清明节习俗。清宫沿袭了民间习俗，确实留下了一张后妃荡秋千图，那些妃子们，看着秋千上下摆动，可以亲自参与其中，格外开心。荡秋千是难得的娱乐活动。

▲ 图5-5　后妃荡秋千

端午节，赛龙舟。每年的端午节，皇帝会带领宫中的主子们到圆明园，看龙舟赛。观看这种比赛，不仅愉悦心情，还可以陶冶情操，锻炼心智。这种活动有时也会在避暑山庄举行。

乞巧节，针织女红比赛。这是最有意义的宫中娱乐，寓教于乐，又练了甄嬛们的针织手艺。

▲ 图5-6　后妃乞巧

▲ 图5-7　后妃踏雪

▲ 图5-8　消寒图

重阳节，登山。这时，已经秋高气爽，甄嬛们被安排登香山，有辟邪免灾的含义。

此外，还会按照不同的季节，安排应景的娱乐活动。

冬季冰嬉。冰嬉，是冬季的冰上活动。宋代已有，明朝成为宫廷体育活动，清朝时作为皇家冬季的消遣，十分盛行。故宫博物院所藏的《冰嬉图》描绘的就是清朝时，宫廷冰嬉的盛大场面。冰嬉多在春节时集中表演，如舞龙、舞狮、溜冰等，《日下旧闻考》：“冬月则陈冰嬉，习劳行赏，以简武事而习国俗云。”那时候，甄嬛们会到场观看，士兵们排成各种阵队，头上插着彩色八旗，脚上穿着溜冰鞋，来回飞舞，不断变换队形，煞是好看。

冬季踏雪和消寒图。当然是冬季小范围活动了。踏雪，是要在一场瑞雪之中，天空中正在纷纷扬扬地下着，后妃在宫女的服侍下，走在洁白的雪地上，观景，又陶冶心性，同时，会忘掉烦恼和忧愁，也净化了心灵。“消寒图”有好多种，今天我给大家讲解的是“九九消寒图”。什么是“九九消寒图”呢？清代学者徐珂说：“有‘亭前垂柳，珍重待春风’二句，句各九言，言各九画，其后双钩之，装潢成幅，曰九九消寒图。”（《清稗类钞·时令类》）也就是说，选中“亭前垂柳，珍重待春风”这九个字，因为繁体每个字是九笔。这些寂寞的甄嬛们，从头九开始写字，先写“亭”字，一天一笔，写完这个字，头九就过去了，等把这九个字都写完，九九八十一天过去了，冬去春来，所以，称之为“消寒图”。虽然牵强了点，但是，却能够充分表达出自身的含义。

夏季水围。炎炎夏季，为了给后妃们消暑，会组织水围活动。水围是一种宫廷水上围猎的娱乐活动，这些常年生活在深宫的甄嬛们，一旦进入水围世界，那种刺激，那种前所未有的心境，是很享受的。水围的地点，会选在京师颐和园的昆明湖。

甄嬛们还会有很多其他的体育性娱乐活动，比如下围棋、玩木偶、观看布

▲ 图5-9　后妃下棋

库，等等，这里就不一一列举了。

三、甄嬛们的养生。现在，我们生活好了，都很注重养生，那么，这些甄嬛们是不是也要养生呢？这是肯定的。皇帝为了陶冶甄嬛们的心性，使她们身体更加健康，也会引导这些甄嬛们从事一些养生保健类的活动。

养生之一，是做好“十常”。甄嬛们为了达到养生的目的，会总结出一些生活常识，也会汲取前人的一些经验。在清宫档案中，就记录了帝后妃们总结出来的“十常”，其实，就是十种经常做的动作。

齿常叩：就是上下牙齿要不断咬合，可以叩出声音来，这样，不仅有利于牙齿健康，还会利于口腔健康。

津常咽：就是要时不时咽吐沫，通过人的津液，调理生理机能。

耳常弹：就是要经常弹打耳朵，可以舒缓疲劳，振奋精神，达到醒脑提神之功效。

鼻常揉：经常揉搓鼻子，会对视力、嗅觉有很好的提升作用，能够通达天听，疏络面部神经，可有效预防感冒。

睛常运：就是眼珠或顺时针，或逆时针运转，提高视力和头部神经系统的运行质量。

面常搓：顺时针，或上而下，或下而上，反复揉搓，不仅可以舒缓疲劳，提升精神，还有延缓衰老之功效。

足常摩：搓脚，包括按摩脚部穴位，它的好处真是妙不可言，直到今天，人们到足疗馆去，不就是要寻求一份保健吗？

腹常旋：就是经常按摩小腹，要提气按摩。这种按摩，或揉搓，可以是上下，也可以是顺时针，具有调节脾胃功能，达到腹脏良性循环的功效。

肢常伸：就是人体四肢做伸展运动。这种拉伸具有保健功能，不言而喻。

肛常提：一提一放的提肛运动，张弛有度，有节，使甄嬛们的盆骨穴位得到按摩，可以有效促进这里的血液循环，可改善尿频、尿失禁、下腹胀痛，对长期便秘者有很好的治疗作用。

养生之二，是做到“四勿”。就是四件不要做的事情，不该做的，一定不要做。在后宫，甄嬛们生活在一个封闭、神秘的空间，会有好多事情不允许她们做。但是，有四点是她们自己总结出来的，那是一定不要做的。食勿言，吃饭的时候，最好不要说话。卧勿语，睡觉的时候，最好也不要说话。我们有的同志，喜欢睡觉的时候，聊天到半夜，那样不利于健康。饮勿醉，喝酒的时候，不要喝醉了。甄嬛们偶尔也会喝一些小酒，少喝，可以舒筋活血，养生保健，多喝可就不好了。色勿迷，这一条倒不是针对后妃说的，是针对皇帝而言的，因为他们拥有太多的女人，可要注意身体了。

▲ 图5–10　后妃用法国香水

四、甄嬛们奇特的饮食。甄嬛们每天养尊处优，过着衣食无忧的日子。我们看《甄嬛传》，经常会看到后妃们拿着精美的食器，吃着宫廷美食。甄嬛们的每日饮食都是怎么安排的呢？

难以想象的物资供应。甄嬛们在后宫里面，到底都吃些什么呢？我们看到了一些相关的档案记载。这里告诉大家，由于等级不同，她们的食膳会有天壤之别。从她们的每天份例供应上，就能看得很清楚，单以皇后一天供应为例：猪肉十六斤（盘肉）、羊肉一盘、鸡鸭各一只、新粳米一升八合、黄老米三合五勺、高丽江米一升五合、粳米粉一斤八两、白面七斤八两、麦子粉八两、豌豆三合、白糖一斤、盆糖四两、蜂蜜四两、核桃仁二两、松仁一钱、枸杞二两、干枣五两、猪肉九斤、猪油一斤、香油一斤六两、鸡蛋十个、面筋十二两、豆腐一斤八两、粉渣一斤、甜酱一斤六两五钱、清酱一两、醋二两五钱、鲜菜十五斤、茄子二十个、王瓜二十条、白蜡五支、黄蜡四支、羊油蜡十支、羊油更蜡一支、红罗炭二十斤、黑炭六十斤。（《国朝宫史》）

这只是皇后一个人一天的物资供应，其他小主们比这个要少一些，但是，也是十分惊人的。

从档案记载我们可以看出，仅猪肉这一项，皇后就比答应多十四斤二两，还可以看出，答应实际上就是宫女身份。我们在前面也曾提到了后妃每年的工资上

▲ 图5-11 皇帝大婚喜床

的区别：皇后年供银子1000两、皇贵妃800两、贵妃600两、妃300两、嫔200两、贵人100两、常在50两、答应30两。（《国朝宫史》），从1000两到30两，差别何其大！

奇特的两餐制。清宫主位的膳食安排，不是一日三餐，而是每天两顿饭，这可能和满人在关外的时候，每天劳动捕猎的生活规律有关系。早膳的时间，在六七点左右，和我们今天差不多，晚膳则是在中午十二点至下午两点之间。其他时间如果饿了的话，就随时吃点儿小点心了。也就是由于这个习惯，晚清的慈安太后，吃了慈禧进的小点心，而在钟粹宫暴亡。《清宫述闻》记载："孝贞故喜食小食，薨日，慈禧以糕饼进御，逾数时薨。"看来，慈安是吃了贪吃的亏。

满族特色。清宫的甄嬛们，在宫中的饮食，除了延续汉族南北美食外，还很有自己的满族特色。比如她们喜欢吃饽饽。其实，饽饽是所有面食制品的统称。之所以这样，有人说满人在关外的时候，骑马打仗，最怕敌人的箭射中心脏，所以，他们把点心称之为饽饽。当时，满人不论贫富，都要在元旦这天吃饽饽，那才吉祥，才事事顺利。御膳房中就专门设置了内外两个饽饽房，光做饽饽的厨役就有120名之多。《燕京岁时记·元旦》：“是日，无论贫富贵贱，皆以白面作角而食之，谓之煮饽饽，举国皆然，无不同也。”比如，他们会把饺子叫作“子孙饽饽”，即使是皇后大婚的时候，也要吃这种饽饽，寓意好为皇家多生皇子。同治帝、光绪帝大婚时，都吃了这种子孙饽饽。

满汉全席。此名记载最早见于雍正、乾隆朝。满汉全席主要由满点与汉菜组成。满点即满洲饽饽席，席面以点心为主，菜肴极少，做法也十分简单。汉菜则种类繁多，做法讲究，味鲜色美。这两个民族，两种风味的席面合在一起，配以精细的组合，称“满汉全席”。其内容多种多样，文献记载一种分为五步品尝：

一是头号五簋碗10件，如燕窝鸡丝汤、海参汇猪筋、鲜蛏萝卜丝羹、海带猪肚丝羹、鲍鱼汇珍珠菜、淡菜虾子汤等；二是二号五簋碗10件，如鲫鱼舌汇熊掌、糟猩唇猪脑、蒸驼峰、梨片伴蒸果子狸、野鸡片汤等；三是细白羹碗10件，如鸭舌羹、猪脑羹、假班鱼肝、芙蓉蛋鹅掌羹、甲鱼肉肉片子汤、茧儿羹等；四是毛鱼盘20件，如挂炉走油鸡、鹅、鸭、鸽，白蒸小猪仔、小羊仔，什锦火烧，梅花包子等；五是洋碟20件，热吃鸡20味，小菜碟20件，枯果10彻桌，鲜果10彻桌……

▲ 图5-12　清宫火锅

还有一种，宴会酒席中食品多至50余种，开宴以20品侑酒，记有四鲜果、四干果、四蜜饯果、八冷荤（或用四大拼盘，每盘二种）。首用八宝果羹或燕莲子，用大海碗，次用燕窝，加之鱼翅，再加烧整猪、整鸭片上，或以整鸭、整尾鲜鱼。大件五篾碗，中碗炒菜八品，中间心点三道，每人一份，分别为甜点心、奶点心、荤点心。最后用四大汤菜，什锦火锅。大致如此。

清宫筵宴。清宫筵宴很多，场面极为壮观。主要有太和殿三大节（即元旦、冬至、万寿三节。元旦乃一岁之始，冬至乃一阳之始，万寿乃人君之始）筵宴、乾清宫家宴、太后圣寿筵宴、皇帝万寿筵宴及千叟宴。

乾清宫家宴是皇帝与后妃共同与宴，一人一桌。但这样的机会很少，平时在各宫进膳，节庆时才举办乾清宫家宴。以乾隆为例，《国朝宫史》记载，与宴时，主位均穿吉服，皇帝升座奏中和韶乐，后妃行礼奏丹陛大乐。进馔、进果、进酒时奏丹陛清乐、中和清乐，并演戏助兴。皇帝宝座前设金龙大宴桌，摆群膳、冷膳、热膳40品，有各式糕点、果品、小菜、青酱、金匙、牙筷、花瓶、纸花。左首皇后，头等宴1桌，摆群膳32品及各式点心、花瓶、纸花；娴妃，二等宴1桌；嘉嫔、陈贵人，三等宴1桌；右首贵妃，头等宴1桌；纯妃，二等宴1桌；海贵人、裕常在各三等宴1桌（以乾隆二年为例）。各坐于椅上，先摆热膳，进汤饭，后进奶茶，最后为酒膳、果茶。

太后圣寿和皇帝万寿更为隆重，尤其是整寿之时，举国为之庆祝。

千叟宴，始于康熙，盛于乾隆。各时期不仅人数不同，其应宴老人年龄也各不相同。

康熙时，召八旗满洲、蒙古、汉军的文武大臣及退斥人员、兵丁、闲散人，年满65岁以上，有1000多人；乾隆年间，还加进了朝鲜、暹罗、安南、廓尔喀4国的使臣，其年龄放宽至60岁以上，而在乾隆六十年时，又限制在70岁以上，其受宴人数达8000余众。筵宴地点也不尽相同，康熙时在乾清宫前，乾隆后期则在皇极殿。

太后圣寿大宴。仅以乾隆生母50岁生日为例：

乾隆六年十一月二十五日，钮祜禄氏（孝圣太后）50大寿，宫中大摆筵席，每日早晚两膳各摆：膳9桌、奶皮敖尔布哈1桌、大寿桃1桌、干湿点心1桌、猪肉六方3桌、羊肉六方3桌、小食9桌、酒膳9桌。

其膳谱略为：

▲ 图5-13　崇庆皇太后圣寿

高头类，5种30类；主食类，有寿桃、寿面、糕点、米饭共65类；果品类，共有果脯63类；菜谱类，达到81种；汤类，6种；酒类，3种，共计248品，可谓洋洋大观。

我们也可以从清末慈禧太后用膳的排场管窥下甄嬛们的饮食。慈禧不仅在御膳上有丰足供应，自己还设立私厨，称西膳房，有荤菜局、素菜局、饭局、点心局、饽饽局之设，每餐耗资巨费。慈禧的御厨房能做各式点心，达400余种，菜品4000余种，花样翻新，应有尽有。慈禧平日锦衣玉食，搞不清她喜欢吃什么。但有宫女、太监回忆，她对以下食品还是情有独钟的：

小窝头：由玉米面、小米面、栗子面、糜子面、爬豆面、红枣面（或枣肉）加红糖和成，蒸食。

饭卷子：由米饭加白面混合而成，有甜有咸。咸的加花椒盐，或五香椒盐；甜的加枣泥、豆沙、松子、核桃仁，有陈米饭卷、籼米饭卷、粳米饭卷等多种。

炸三角：芝麻酱加水和面，擀成面片；绞猪肉成碎末，加虾米、口蘑、火腿，切碎，搅拌，加进佐料，拌成馅，将馅放进面片中，做成三角形，入油锅炸成黄色，外酥里软，口可香甜。

炸糕：用油和面，做成面皮；将白糖、芝麻、山楂绞碎，加进奶油，成馅，做成圆饼，烧饼大小，入油锅炸酥。烧卖：即开口包子，其馅为猪肉加口蘑，上笼蒸20分钟即可。

▲图5–14　饸馇

菜包鸽松：用羊油、黄酱炒麻豆腐，把各种青菜炒成碎末，把二者混合拌进饭里，再以嫩白菜心为皮将混合饭包好，连菜叶一起吃。

和尚跳墙：做法是用4个熟鸡蛋，将皮剥去，再在屉上放好酥造肉，将4枚剥皮鸡蛋嵌于其中，上屉蒸熟。由于光滑的鸡蛋一半露于外面，像秃头的和尚，慈禧便赏名为“和尚跳墙”。

饸馇：为地方美食。相传，慈禧来遵化谒陵时，东陵守护大臣绞尽脑汁，命厨役们做出各种山珍海味来讨好慈禧。可是，慈禧什么没吃过呀。想来想去，便把一种用绿豆面做成的食品，用醋溜成后，给端了上去。慈禧尝了一口，觉得很新鲜，爽口不腻人，便又吃了一口，吃到第3口时，旁边的老太监就要叫停，因为宫中规矩，帝后不可贪食喜爱食品，以免被奸人看出，在菜中下毒。有鉴于此，侍膳的后妃们便欲叫人将此菜撤下。慈禧看了看，有些舍不得，但又不好再伸筷去吃，只好说：“搁着吧。”意思是不要撤下，先放在一边。这时，东陵守护大臣立刻叩首道：“谢老佛爷赐名。”从此，这种食品就有了自己的名字，叫作“饸馇”。传说，后来饸馇进了宫廷，成为慈禧喜食的美味。

西瓜盅：将西瓜瓤挖去，仅留西瓜皮，把切好的鸡丁、火腿丁加新进鲜莲子、龙眼、胡桃、松子、杏仁，封严，在文火中炖几个小时。

清炖肥鸭：将整个鸭子加进调味品，放进罐子里，在钳锅中用文火蒸3天。

响铃：把带皮猪肉切成小方块，放进猪油中煎着，这样猪皮很脆，嚼起来带响，称为响铃。

樱桃肉：把上好的猪肉切成棋子大小，加进新鲜樱桃、调味品和清水，一起装进瓷罐中，用文火炖10小时。

蔬菜有：豌豆、萝卜、胶菜、蘑

菇、银耳、猴头、发菜、寒葱。

海味有：鱼翅、鱼唇、鱼肚、燕窝、海参。

慈禧每次正餐都备有100多个菜，而她吃的也不过三四个菜。吃之前，由尝膳人（如李莲英等）先用银筷子吃过，确认为安全后，她才动口吃菜。吃完后，剩下的菜品要打好包装，遵懿旨赏人。有人估计，慈禧伙食费每餐至少要200两银子。真可谓慈禧一餐之费，百姓万家之炊。

尽管清宫大餐十分丰盛，但这些主子们还不时出宫赏玩，品遍天下美食。如康熙六下江南，乾隆六下江南等，就曾在秦淮河边、西子湖畔，一面赏景吟诗，一面品茗宴饮，尽享人间荣华。

美器。可以想见，甄嬛们日常所用食具，不会和民间的一样，一定是极为奢华的。乾隆帝就说过，美食不如美器。以乾隆二十一年十一月初三日《御膳房金银玉器底档》为例，有：金羹匙一件。金匙一件。金叉子一件。金镶牙箸一双。银西洋热水锅二口。有盖银热锅二十三口。有盖小银热锅六口。无盖银热锅十口。银锅一口。银锅盖一个。银饭罐四件。有盖银桃子六件。银镟子四件。有盖银暖碗二十四件。银盖碗六件。银钟盖五件。银錾花碗盖二件。银匙二件。银羹匙十三件。半边黑漆葫芦一个，内盛银

▲ 图5-15　慈禧照片

▲ 图5-16　粉彩瓷碗

粉彩瓷碗为清宫食器之一。粉彩始创于康熙，极盛于雍正。其彩料比康熙朝精细，色彩柔和，皴染层次多。大多数在白地上、少量在色地上绘纹饰。在粉彩中常见人物故事图。

碗六件。银桶一件，内盛金镶牙箸二双，银匙二件，乌木筷十双，高丽布三块，白纺丝一块。黑漆葫芦一个，内盛皮七寸碗二件，皮五寸碗二件。银镶里皮茶碗十件。银镶里五寸无分皮碗一件。银镶里罄口三寸六分皮碗九件。银镶里三寸皮碗二十二件。银镶里皮碟十件。银镶里皮套杯六件。皮三寸五分碟十件。汉玉镶嵌紫檀银羹匙、商丝银匙、商丝银叉子、商丝银筷各二件（或二双）。银镶里葫芦碗四十八件。银镶红彩漆碗十六件。

这些器皿，在民间绝少看到，无论在工艺，还是在器形上，都是精品。比如，康熙帝有一件九龙玉杯，不仅玉质量好，被称为是温凉玉，冬暖夏凉，而且雕刻工艺上，也是栩栩如生：上面雕刻的九条龙，在倒满酒时候，会呈现出九龙闹海的奇观，故而天下闻名，才发生了杨香武三盗九龙玉杯的闹剧。

五、严格管理甄嬛们的家属——外戚。我们在《甄嬛传》中看到，甄嬛们进宫后，经常会看到她们的家属出现。她们的家属，包括皇帝的老丈人、丈母娘、大舅子、小舅子、大姨子、小姨子等，统统称之为外戚。按照常理，甄嬛们和外戚之间交往也很正常，因为她们也是人嘛，血浓于水，人之常情还是有的。可是，由于是皇帝的老丈人家，规矩会很多，也会有很多意想不到的事情发生。

一是不许娘家人进入宫里。《甄嬛传》里面，甄嬛进宫的时候，带进了两个贴身侍女。实际上，这是绝对不允许的。只有当甄嬛们得到帝宠，怀孕之后，才可以允许她们的亲生母亲进宫伺候，别人是绝对不行的。《国朝宫史》记载："内庭等位遇娠有生母者，许进内照料。"否则，即使是太后的亲弟弟，当朝皇帝的亲舅舅进入宫里，都是不行的。乾隆元年三月初四，乾隆帝舅舅，皇太后亲弟弟，到苍震门内，准备进宫谢恩。太监报到乾隆帝，乾隆帝听后大怒，说："苍震门系宫闱之地，未经奉旨，岂可擅将外人领入门内。"（《国朝宫史》）并要严肃处理太监陈福、张保。太监们吓坏了。

二是甄嬛们不可轻易回到娘家。甄嬛们一旦进入宫廷，绝不可轻易回去。要想回去，必须是奉有旨意。所以，甄嬛们回到娘家是一件很奢侈的事情。历史记载，当年，光绪帝皇后从宫里回到娘家，她的父亲在大门外跪接自己的女儿，母亲则率领女眷在门内跪接。女儿虽然舍不得父母这样做，但是，碍于君臣名分，也不敢违制，她们都是含着眼泪与自己的亲生父母相见的。《甄嬛传》中有一段甄嬛和母亲告别时依依不舍的情景，实际上，她们完全明白，一旦进入大内，就很难见面了。珍妃姐妹进宫前，和母亲做最后的告别，母亲竟然狠心地扇了女儿一个嘴巴，然后就哭了。珍妃当时还不懂为什么母亲要这么做，后来才知道，母亲是在用此告诉她，一旦进宫，母女情分就已经结束了，而替代的则是无情的君臣关系了。

三是不许把宫里的东西带到娘家。甄嬛们在宫里享受着荣华富贵，难免惦记

▲ 图5-17　高高的宫墙

娘家人。有时，她们会把宫里的东西拿出宫外，孝敬自己的父母。也可能要把自己母家的东西带进宫里，以解思念之情。可是，这是不允许的事情，一旦被发现，后妃的奴才们就要受到惩处。乾隆帝就曾说过："不可将宫中所有移给本家，其家中之物亦不许向内传送，致涉小气。"（《国朝宫史》）这样看来，深宫就更像一座无情的牢笼了，而深锁宫禁的就是那些如笼中的金丝雀一样的甄嬛们。

▲ 图5–18　太监像

四是毫不留情杀外戚。举个例子，康熙帝孝诚皇后叔父，自己的叔丈索额图，因为参与太子党争，被康熙帝圈禁，并活活饿死；雍正帝年妃之兄，大舅子年羹尧，因为种种悖逆，被赐令自尽；乾隆帝慧贤皇贵妃之兄，大舅子高恒因为贪污，被斩首菜市口；嘉庆帝孝淑皇后之兄，大舅子盛住，因为贪污万年吉地银两，被嘉庆帝开棺戮尸。

六、太监和宫女。在《甄嬛传》中，我们看到主子们身边有好多下人，包括太监和宫女。这些人不仅了解宫里的情况，还会在一定情况下，左右着主位们的一些思想和活动，他们是一群寄生虫，是后妃们不可分割的组成部分。

下贱的太监。清宫的太监大约有3000多名，不及明朝的三分之一。按照规定，这些太监在宫中是干粗活、重活的。但是，他们在宫中也是有等级的，《国朝宫史》记载："宫内等处太监官职，以四品为定，永不加至三品以上"。可是也有例外，清末大太监李莲英的等级就被破格加到二品。

太监在宫中地位很低，不像明朝那样嚣张。关键是清朝皇帝不喜欢太监，对太监约束很严。康熙帝就很讨厌太监，打心眼里瞧不起太监。他说太监："最为下贱，虫蚁一般之人。"（《国朝宫史》）康熙帝为什么会这么瞧不起太监呢？他认为："古来太监良善者少，要在人主防微杜渐。"（《国朝宫史》）所以，这些可怜的太监，虽然干着重活，一旦被发现有所差池，就会遭到暴打。清宫中就明确规定了太监杖刑的处分条例：发生口角，打60大板；白日酗酒，打60大板；赌博，打60大板；坐更睡着了，打40大板；喧哗叫嚷，打40大板；损伤皇宫宝物，打40大板，等等，还会有很多其他的处分规定。有时候，主子们有什么不顺心的事情，也会无缘无故打太监。

▲ 图5-19　观马术

尽管如此，清宫还是出现了太监专权的情况。比如顺治朝，大太监吴良辅勾结大臣，干预朝政，但是，顺治帝包庇他。顺治帝死前五天，怕他遭到追究，便让吴良辅落发出家，到悯忠寺为僧。但就在顺治帝死后第三天，吴良辅就被枭首示众了，成为清宫中第一位祭刀的太监。

尽管如此，太监们还是收入不菲。普通太监月银也要3两之多，一年可收入36两白银，这就要比当朝九品文官年薪33两还要多。不仅如此，这些太监在宫中大日子，比如皇帝以及主子们过生日，元旦等节日，或者皇帝登基、大婚等大喜的日子，他们都会有不少的赏赐。这也就难怪那些穷人家要冒着生命危险，给孩子净身，入宫做太监了。这可能是当时穷人家孩子的一种就业渠道吧。

不容易的宫女。我们看《甄嬛传》的时候，看到主位们身边有好多宫女。但是，要知道，这些宫女是要遵守很多规矩的。比如，一般清朝皇帝是不使用年轻宫女的，宫女一般都是女主们使用，皇帝有的时候会用年长的嬷嬷。

首先，要知道这些宫女的来源。甄嬛们使用的宫女，是通过选秀女进宫的，但是要知道，这些秀女出身于地位低下的八旗之家，年龄还要满13岁，身体健康，身上没有疮味。按理，选宫女和皇帝没有太大的关系，因为你又不使用。可是，资料记载，当这些女子到齐之后，皇帝得到报告，要亲自验看。

其次，是要了解甄嬛们到底可以使用多少宫女呢？按照《清宫述闻》记载：中宫皇后10名、皇贵妃8名、贵妃8名、妃6名、嫔6名、贵人4名、常在3名、答应2名。这些宫女入宫后，都

▲ 图5-20　肩舆

要由年长的姑姑调教。比如，吃饭的时候，千万不要吃饱了，因为怕你在主子面前出虚恭；同时，宫女们也不让吃一些韭菜、葱、蒜之类的东西，就连鱼也不许吃，也是怕有气味，冲撞了主子。

宫女们是不允许识字看书的，这是满族皇帝规定的，这引起了宫女们的不满。那么，伺候完主子之后，她们干什么呢？她们要做繁重的针线活。《宫女谈往录》记载老宫女的回忆："我们有做不完的针线活。"

宫女们更多的时候是侍奉甄嬛们吃饭。可是，这里面有太多的讲究，稍不小心，就会闯下大祸。比如，宫女们侍奉主人们吃饭的时候，要练习察言观色。当主人吃饭看菜时，要机灵，主人看哪道菜，你就把这个菜挪到跟前，但不可以自行揣摩，更不可以自行做主，绝对不可以劝菜，就是不可以给主子建议。万一被发现哪位宫女在伺候主子吃菜的时候，劝主子吃什么什么菜，总管太监会按照家法严厉惩罚她。所以，宫里的宫女都知道一个规矩，叫作"侍膳不劝膳"。慈禧身边的宫女在《宫女谈往录》中说："我伺候老太后四十多年，可到现在也不知道老太后爱吃什么。"

宫女们在宫中一般服役10年左右，就要被放出去嫁人。可是，她们出宫的时候，已经是老姑娘了，那时二十五六岁再嫁人，已经有些困难了。所以，这些宫女中的好多人会千方百计想办法，争取早早出宫。可是，哪有那么容易呢？她们想出了一个好办法，那就是装笨，经常出错，主子就不爱使用了，就可以提前出宫。可是，久而久之，这种情况就会被发现。比如，咸丰年间，咸丰帝发现总有宫女因为笨被放出宫去，心想，这可太奇怪了，于是下旨："殊属可疑，其中必有别情。"（《清宫述闻》）

也有一些聪明的宫女，长相漂亮，最初侍奉那些地位高贵的后妃。当皇帝来的时候，她们想出吸引皇帝的办法，被皇帝突然宠幸，她们的身份就会发生变化。比如，雍正皇帝的苏答应、春常在等就是宫女的身份。这里，也不排除后妃为了吸引皇帝经常来自己的后宫，怂恿漂亮的宫女勾引好色的帝王。当然，宫女们这样做，是要担一定风险的，一旦失败，就有可能遭到灭顶之灾。比如，乾隆帝惇妃身边的宫女，就很有可能是因为不检点而遭到主人毒打致死。

讲到这里，大家对甄嬛们在后宫的生活有了基本的了解。就是这样，众多的甄嬛侍奉一个喜怒无常的皇帝，她们的喜怒哀乐、生老病死全部系于皇帝一身，自己无法决定自己的身家性命，甚至连死后的安排，也要听命于皇帝。那么，这些甄嬛们的后事安排到底是怎样的呢?

Chapter 6

第六章

# 无情最是帝王家

花开总有花落时，那些生前或煊赫，或卑微的雍正帝甄嬛们，如今都已是历史的符号。这些符号，我们如今在《甄嬛传》中，或能看到。雍正帝这些如花的女人，因为或身世，或相貌，或生育，或其他种种原因，会使得她们在复杂而充满变数的后宫之中，产生截然不同的结局。

中宫皇后去世后，雍正皇帝对她出于礼敬的态度，封她为“孝敬皇后”。为她举办了隆重的国丧之外，决定将来和自己同时葬在泰陵之中。这座泰陵，是雍正帝的那些甄嬛们梦寐以求的万年吉地，可是，也只有皇后才有这样的资格，别人想都不敢想。因为这是祖制所决定的：与皇帝合葬同一地宫之中的，就是中宫皇后，清朝历代皇帝都是这样。在太祖努尔哈赤的福陵，是中宫皇后孝慈高皇后合葬；太宗皇太极的昭陵地宫，是中宫皇后孝端文皇后合葬；在顺治帝孝陵地宫里面，是皇后孝康皇后和孝献皇后；在康熙帝景陵地宫，雍正帝是再清楚不过的了，里面有四位皇后，孝诚仁皇后、孝昭仁皇后、孝懿仁皇后、孝恭仁皇后，还有一位敬敏皇贵妃，那是雍正帝特殊安排的。

# 第六章　无情最是帝王家

花开总有花落时，那些生前或煊赫，或卑微的雍正帝甄嬛们，如今都已是历史的符号。这些符号，我们如今在《甄嬛传》中，或能看到。雍正帝这些如花的女人，因为或身世，或相貌，或生育，或其他种种原因，会使得她们在复杂而充满变数的后宫之中，产生截然不同的结局。在76集大型电视连续剧《甄嬛传》中，我们会看得格外清楚：

一种是自杀而亡。在宫中，会出现很多自杀的现象，后妃也会有。但自杀的原因会很神秘。

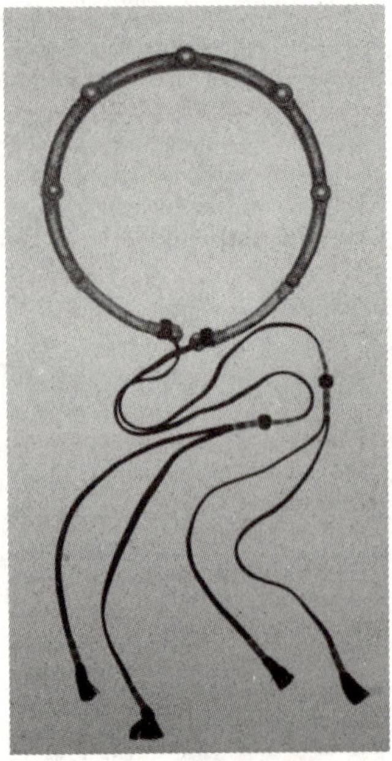

▲ 图6-1　后妃金领约

羞愤自尽。安陵容就是这样的人。安陵容本来很可怜，得到过甄嬛的照顾，但她却为了私欲背叛了甄嬛。事情泄露后，安陵容被皇帝惩罚，打入冷宫。在甄嬛面前，安陵容因无法面对而服毒自尽。

赐令自尽。余莺儿是也。她本是一位官女子，也就是宫女，却因为一个特殊的机遇，得到帝宠。因为与甄嬛产生矛盾，而在华妃的指使下，在甄嬛服用的药里下毒，皇帝知道后，赐令自尽。

割腕自尽。叶澜依是也。叶氏本来一个驯马女，暗恋了十七王允礼。被皇帝召幸后，却因为追求美好的爱情，最终在幻想中割腕自杀，“幸福”地死去。

撞墙自杀。华妃是也。她自入宫便飞扬跋扈，依仗哥哥年羹尧作恶多端，最终得知不能生育是太后和皇帝以麝香为之，目的是为了遏制年羹尧因华妃生子而势力膨胀。冷宫中的华妃不能接受这一现实，而撞墙身亡。

一种是被杀身亡。这在深宫中屡见不鲜，是宫斗最明显的表现。

杀人灭口。淳贵人是也。淳贵人由于听到了不该听到的东西，被歹毒的华妃设计，最终被杀人灭口。

被下人打死。祺贵人是也。这真是奇怪了，一个主位却会被下人打死。祺贵人由于卷进皇后和华妃之争，经常以皇后为靠山搬弄是非，结果由于诽谤甄嬛名节，被皇帝打入冷宫。最终，在失落中，被太监落井下石打死。

被皇帝杀死。瑛贵人是也。本来是皇帝的嫔御，却与皇子弘时眉目传情，皇帝为保住皇家颜面而杀死了她。

一种是恶死。在这里，“恶”是非正常的意思。

气绝身亡。皇后是也。皇后身居高位，却屡行不善，先是杀害纯元皇后，接着与华妃斗狠，拉帮结派，暗害无辜，全然没有母仪天下的样子。真相大白之后，皇帝下旨与之终生不见。皇后自知无力回天，最终气绝身亡。

血崩而亡。沈眉庄是也。起初善良体贴的沈眉庄屡屡遭到华妃陷害，后来逐步成熟起来的沈眉庄，却不能走出情感困境，当她临盆待产之际，听到心仪的太医温实初自宫消息后，竟然血崩而死，一代名媛香消玉殒。

还有一种妃嫔，不堪残酷的宫廷斗争，而落寞了人生。比如富察贵人，因为得罪了正在得宠的甄嬛，想到自己的结果，便神经崩溃，最终被吓疯了。

当对手都倒下的时候，胜利者笑到了最后，这就是甄嬛，她成为尊贵的皇太后，虽然孤独，却可以安然享受余下的人生。

这就是《甄嬛传》中大部分妃嫔的结局。剧情的跌宕起伏，人物的爱恨情仇，

▲ 图6-2　祭器——青玉爵

深深吸引了观众。大家一定很想知道，雍正帝的那些甄嬛们真的是这么死的吗？真相到底如何呢？

我还是依据档案，来为大家解密：

▲图6-3 孝圣金发塔

第一，寿终正寝的老寿星。真是很难得，雍正帝的遗孀有两位是老寿星。一位是乾隆帝生母，就是熹贵妃。这个女人之前我已经有过讲述，由于儿子做了皇帝，而享尽了人间荣华。可是，到乾隆四十二年正月十四日，已然86岁的太后开始出现身体不适，乾隆帝很着急，怕出现闪失，到正月二十二日，病情转重，第二天子时，太后口中突然涌上一口痰，就咽气了。《清高宗实录》记载：“丑刻，皇太后崩。”乾隆帝为生母除了大办丧事外，还做了两件大事：一是为母亲铸造金发塔。乾隆帝命令宫中造办处，仿照佛塔，制造一座金塔，由塔斗、塔身、塔伞组成，上面镶嵌很多名贵的宝石。之所以叫金塔，是因为用黄金铸成，共用掉3000两多黄金。塔中有一个金匣，乾隆帝就把母后生前梳掉的头发，装进金匣之中。二是特为母后修建陵寝。早年，朝中大臣曾经请示过太后，问她在雍正帝泰陵地宫中，是否为她留个位子，以便她去世后与雍正帝合葬。当时，是王公大臣对她态度的试探。没想到太后很不客气，当即表示，不用留，给我单独建陵。《清高宗实录》记载：“不必预留分位。”乾隆帝没有别的选择，只有精心为母后打造一座陵寝。于是，花费了大量银两，建筑了泰东陵。这座陵寝建得很有特点，有两个清陵第一：第一次在隆恩殿设置了佛楼，佛楼里面陈设了大量珍宝；第一次在地宫中雕刻了佛教经文和佛的造像，这在之前的所有清陵中，是没有先例的，包括她丈夫雍正帝的泰陵里面也没有。

另一位是裕妃耿氏。耿氏出身卑微，她的父亲是一个低贱的管领，就是一个管家奴的身份。可是，这个女人心态很好，有随遇而安的心态。更为重要的是，她在宫中有个好姐妹，那就是熹贵妃，弘历的生母。她们两个真是铁姐儿们了，事事照应。两姐妹同一年生子，熹妃生弘历是在康熙五十年八月，裕妃生弘昼是十一月，只有三个月之差。两个孩子同岁，姐两个共同抚养，交流经验。另外，姐两个年龄相仿。耿氏比熹妃大三岁，她真像大姐姐一样，照顾熹妃，两个人互相敬爱，互相照顾。所以，乾隆一即位，太后就命令儿子晋封耿氏为贵妃，属于特殊照顾："钦奉圣母皇太后懿旨，晋封（裕妃）贵妃，以申敬礼。"（《清高宗实录》）这个女人真是身体好，乾隆三十五年，她的儿子和亲王弘昼死了，她还活着，白发人送走了60岁的儿子；乾隆四十二年，好姐妹熹妃，也就是当今太后以86岁高龄去世了，她还很硬朗；直到乾隆四十九年十二月，她才以96岁高龄，寿终正寝。真是一个名副其实的老寿星。乾隆帝以皇贵妃之礼，把这位母后的好姐姐安葬在妃园寝最好的位置。

第二，死得其所的皇后。中宫皇后去世后，雍正皇帝对她出于礼敬的态度，封她为"孝敬皇后"。除为她举办了隆重的国丧之外，决定将来和自己同时葬在泰陵之中。这座泰陵，是雍正帝的那些甄嬛们梦寐以求的万年吉地，可是，也只有皇后才有这样的资格，别人想都不敢想。因为这是祖制所决定的：与皇帝合葬

▲ 图6-4　泰陵妃园寝宝顶

▲ 图6-5　泰陵

同一地宫之中的，就只能是中宫皇后，清朝历代皇帝都是这样。在太祖努尔哈赤的福陵，是中宫皇后孝慈高皇后合葬；太宗皇太极的昭陵地宫，是中宫皇后孝端文皇后合葬；在顺治帝孝陵地宫里面，是皇后孝康皇后和孝献皇后；在康熙帝景陵地宫，雍正帝是再清楚不过的了，里面有四位皇后：孝诚仁皇后、孝昭仁皇后、孝懿仁皇后、孝恭仁皇后，还有一位敬敏皇贵妃，那是雍正帝特殊安排的。祖制是这样的，雍正帝也不好突破。所以，作为中宫皇后，她是一定要葬到泰陵地宫之中的。其次，这里的风水极好。泰陵在河北易县永宁山下，这里的风水尽善尽美。在《雍正朝起居注册》中说这里"实乾坤聚秀之区，为阴阳和会之所。龙砂穴水，无美不收；形势理气，诸吉咸备"。也就是说，这是一块最好的风水宝地。雍正帝不在东陵，子随父葬，却跑到几百里之外的易县，修建了规模宏大的泰陵，给后人留下了很多攻击他的话柄。所以，中宫皇后能够葬在泰陵，名之所至，死得其所。

第三，惊吓而死的年妃。说年妃惊吓而死，雍正帝不会承认，他会说我很爱她，给她常人不能有的待遇，那就是爱。满朝文武也不敢承认，因为这是一件再敏感不过的事情了。可是，实际上，年妃是在一种极度恐惧的惊吓之中去世的。首先，年妃去世之前，雍正帝对年羹尧突然袭击。年妃是雍正三年十一月病逝的，就在这一年，她的哥哥遭到雍正帝一系列打击，据《清世宗实录》记载，三月，开始否定年羹尧功绩，说他"自视己功，显露其不敬之意"；四月，雍正命令年羹尧交出抚远大将军印，调任杭州将军。这时的他，已经是"人为刀俎，我为鱼肉"，任人宰割了，于是，王公大臣纷纷落井下石；六月，雍正帝严惩年妃的娘家人，年富、年兴被削籍夺官；七月，已有朝臣上疏雍正帝，要求将其正法。广西巡抚李绂说年“阴谋叵测，狂妄多端，谬借阃外之权，以窃九重之威福”；九月，雍正帝下令逮捕他；十一月，被押解至京师。也就是说，年妃病逝的时候，年羹尧已在京师刑部大牢羁押。就在得知哥哥年羹尧被皇帝大加挞伐的时候，年妃惊吓得病倒了。年羹尧被逮进京师的时候，披枷戴锁，那一定是要被处以极刑的。年妃听到的，到处都是这种惊恐的信息，可以说是风声鹤唳。不仅如此，年羹尧的大罪，会连累到娘家其他人的。年妃虽然被雍正帝宠爱，但是，后妃不得干政的规矩她是清楚的。纠结于心，又无能为力，年妃终于一病不起。尽管雍正帝不时来看望她，并企图以晋封皇贵妃来为之冲喜，但到十一月二十二日，年妃再也坚持不住了，她在惊恐中去世。十二月，年妃一死，雍正帝命王公大臣罗列年羹尧罪，《清史列传》记年羹尧“罪凡九十二款”，其中有三十条，每条都可以把他立正典刑。在年妃死后半个月，年羹尧被雍正帝赐死，雍正帝还是照顾到他是年妃之兄，没有押到菜市口斩首。

▲ 图6-6　年羹尧像

第四，最痛苦的两个女人。雍正帝的这些甄嬛们，有两个女人过着生不如死的日子，因为她们不断遭到丧子（女）之痛。自己的子女死去，对于妃嫔们来讲，还不如自己死去，因为那是她们的希望。子女的死，使她们的希望成空。这两个女人一个是齐妃李氏，一个是懋嫔宋氏。

齐妃李氏，本来过着很遂心的宫中生活。她早年生下的皇二女，成年后出宫下嫁，本来是可以放心的。可是，在康熙五十六年，胤禛还没有即位，公主就死去了，年仅23岁。齐妃生育了三个皇子，分别是弘昐、弘昀和弘时。这三个皇子，弘昐，三岁死去；弘昀，十一岁去世。齐妃所生的4个子女，就剩一位了，那就是弘时。这个孩子，就成了她全部的希望。齐妃寻思着，自己这个儿子将来或许能够成为他父皇的继承人，要着意培养他。齐妃为什么有这种想法呢？主要是由于弘时居长。雍正帝的十个皇子中，弘晖、弘昐、弘昀三位，都出生在弘时前面，但都没有成年就夭折了。因此从康熙四十九年十月弘昀病逝，到康熙五十年八月弘历出生，这段时间里，弘时是胤禛的独子，所以，弘时作为雍正帝的长子，他自己和他的母亲会认为很有希望成为储君。但是，事与愿违，胤禛并不喜欢弘时，母子两个只是一厢情愿。后来的发展让他们更加失望，雍正帝秘密立储的人选是比弘时小7岁的弘历，父子之间矛盾陡然加剧，甚至达到不可弥合的程度。最终，在雍正五年，弘时"以放纵不谨，削宗籍"（《清史稿》）。这一年八月初六日，弘时去世，年仅24岁。弘时去世的时候，齐妃还健在。弘时的死，对齐妃的打击是不言而喻的。这时，齐妃所生的四个孩子都已经去世了。而且，她不可能再有生育的机会。一方面由于自己年龄已经很大了，皇帝不会再加宠爱；另一方面，由于弘时的关系，会牵连到她。所以，齐妃就更加悲痛和不安。在此之后，齐妃便过着度日如年的日子，过了8年，雍正帝去世，她还活着。乾隆

▲ 图6–7　西六宫

帝即位后，由于弘时的关系，乾隆帝母亲不喜欢齐妃，竟然把地位低于齐妃的裕妃晋升为贵妃，而齐妃却没有任何晋升。齐妃无奈，忍气吞声，过了两年寄人篱下的日子，在乾隆二年去世了。

▲ 图6–8 梳妆台

懋嫔宋氏。懋嫔出身应该是很低下的，因为作为一个宫女，不会有很高的出身。越是这样的女子，越是会有很好强的性格。所以，当她生下第一个孩子的时候，会抱有很大的希望。希冀自己将来会有出人头地的机会。可是，她的两个孩子都是女孩子，本来希望就很渺茫，所生孩子又很快夭折，懋嫔会有着怎样失落的心情呢？她所生的第二个女儿去世后，经历了康熙帝驾崩和雍正帝即位，一直到雍正八年，她才去世。这14年的宫中生活是枯燥、无聊、孤寂的，她在深宫中只是苦熬岁月，再也没有机会被皇帝宠幸，也就再也没有出头机会了。

第五，无人理睬的甄嬛们。雍正帝的那些后宫甄嬛们，只有几个被记录在案，也就是给雍正帝生过孩子的那7个女人：中宫皇后、熹贵妃、年妃、齐妃、裕妃、谦妃、懋嫔等。其他的女人，或仅存一个名字，或连名字都没有，仅有一个封号而已。比如，泰妃园寝的5位贵人、7位常在、4位格格，由于地位低下，她们的姓氏、名字、民族，等等，一点儿线索都没有。虽然她们也加入了甄嬛的行列，却是默默无闻地到来，又静悄悄地离世。真是来也匆匆，去也匆匆。但是，让她们庆幸的是，死去之后，还会被想起来，埋在了泰陵妃园寝里面，真是不幸之中的万幸了。

第六，一个被丢弃的孤魂。这个人是雍正帝的老贵人，她被雍正帝给抛弃了。因为，雍正帝把她葬在了东陵的风水围墙之外。很明显，她不应葬在东陵。夫妻合葬，那是老祖宗留下的规矩。老贵人作为雍正帝的嫔御，怎么可以分开来葬呢？另外，就是葬在别处，也要给自己的女人以名分。可是，葬在东陵附近的老贵人，并没有自己单独的

▲ 图6-9　雍正帝老贵人宝顶

一个陵院，而是被塞进苏麻喇姑墓，并且处在这个园寝的次要地位，因为，在这里，苏麻喇姑才是墓主人。苏麻拉姑是孝庄的一个侍女，雍正帝的老贵人连侍女都不如。这个可怜的老贵人，就这样被雍正帝丢弃了。

讲到这里，大家对雍正帝的后宫们的最终结局有所了解了。我们看到，她们虽同为雍正帝嫔御，结果却迥然不同，真是天壤之别，这是为什么呢？我想，在深宫之中，甄嬛们是无法左右自己的命运的。她们的命运完全操控在雍正帝手中，所以，对她们来讲，雍正帝的喜怒哀乐、爱恨情仇就至关重要了。说到这里，大家一定很想知道，雍正帝到底有着怎样的性格特征呢？尤其是对待这些甄嬛们，雍正帝真的是一位冷酷君主吗？他有着怎样的审美标准和性格特征？在这样一位帝王的后宫之中，他和那些百变甄嬛们，又产生了哪些爱恨情仇？现在，我给大家揭开这些谜团。

一、喜欢汉女。雍正帝有着很深的汉文化情结，这肯定是受到父皇康熙帝的影响。在日常生活中，在与甄嬛们相处的时光里，他不时流露出对汉文化的留恋和追逐。最为明显的表现有两点：首先，是后宫妃嫔多为汉女。我们细数雍正帝的后宫，除了头两位中宫皇后乌喇那拉氏和乾隆生母熹贵妃钮祜禄氏为满人之外，自年妃以下，绝大多数都是汉人。比如裕妃耿氏、齐妃李氏、谦妃刘氏、宁妃武氏、懋嫔宋氏这些称之为主子，也就是小主的女人都是汉人。就是后面的郭贵人、李贵人、张贵人、马常在、高常在、苏答应、尹格格等也都是汉人，从他的后宫之中，是很难找到其他民族的女人了。看来，他的汉女情结是很厉害的了。这里面我解释一下，按照档案记载，虽然有的后妃记录为满族人，其实，那也是入宫之前抬旗的结果。因为，不入旗的女子，是很难进入宫廷为妃子的。在顺治初年，孝庄太后为了约束后宫，更为了保持满族贵族血统的纯洁性，曾下旨："有敢以汉女入宫者斩"（《清宫词》），这就是祖制，是任何人不能违背的。雍正帝当然知道，所以，那些入宫的汉女，或被抬旗，或加入汉军旗，这样才可以进入宫廷为妃。其次，是雍正帝喜欢他的妃子穿着汉装。雍正帝的中宫皇后虽然是满人，雍正帝还要求她穿着汉装，做出各种各样的姿势，让宫廷画师记录下来。不仅如此，雍正帝自己也时常穿着汉装，或垂钓，或扶犁，表达出他对汉文化的向往。

▲ 图6-10　雍正帝美人图之赏花

▲ 图6-11　雍正帝美人图之倚门

二、重视出身。这恐怕是所有帝王的共性。也难怪后妃们入宫之后，要说长论短，讨论自己的出身。比如雍正帝在给自己后妃的册文中，会把她们的出身像标签一样，挂在嘴边。就连招幸后妃的绿头牌上，也会标有后妃的出身。可以想见，那些出身高贵的后妃会有一种优越感，而那些出身卑微的女人是不是就要有自卑感了呢？中宫皇后在册文中就有“秀毓名门”（《清世宗实录》），年贵妃在册文中也有“尔妃年氏，笃生令族”（《清列朝后妃传稿》）这样的记录。大家想一想，这会给那些大多数的后妃很大压力的，因为名门之后进入后宫，毕竟凤毛麟角。

三、重生男，轻生女。雍正帝有很严重的重男轻女思想，在后妃生育子女的问题上，表现得尤为明显和突出。比如，雍正帝在即位之后，于雍正元年大封后宫，在给礼部的谕旨之中，就有这种表现。这一年，年氏封为贵妃，有很重要原因是年妃生了三个儿子，此外，还有李氏被晋封为齐妃，弘历生母被晋封为熹妃，这些人都生了男孩子，所以，被晋升为妃子。可是，宋氏却遭到不公正待遇，虽然她是胤禛最早的女人，也生了孩子，而且生了两个，却只被封为懋嫔，真是难以服众。我查了一下，宋氏在康熙三十三年给胤禛生了第一个孩子，是个女孩子，那年，胤禛才16岁，第一次做了父亲。康熙四十五年，宋氏又生了一个孩子，还是一个女孩，这令胤禛很失望。在这里，我总结一下，胤禛之所以这样对待宋氏，还有其他的原因。一是出身卑微，宋氏肯定是一名宫女。如果推算一下，胤禛16岁有了第一个女儿，是三月十六出生的，那宋氏至少也要是上一年六月怀孕，也就是说胤禛刚刚15岁。所以，是胤禛15岁的时候，和侍奉他的宫女偷情的结果。我们知道，清朝皇帝一般不使用年轻宫女，但是，皇子却可以使用。这样，皇子和宫女之间就很可能有男女之事发生。乾隆帝的第一个女人也是宫女，后来，乾隆即位，追封这个宫女为皇贵妃，即哲悯皇贵妃。二是女儿夭折。懋嫔虽然有过两次生育，但是很可惜，她所生的两个女儿都夭折了，《清皇室四谱》记载：“皇长女……懋嫔出，未逾月殇。”她所生皇三女也是不到一个月就死了。所以，宋氏遭此打击，再也没有生育过，虽然她活到雍正八年才去世，但是，那只能是在宫中空守岁月，挨日子而已。她在宫中的地位，也就定格在嫔这个级别了。

四、喜怒无常。雍正帝有很明显的性格特征，所谓知子莫若父，他父亲康熙帝对他的评价是最准确不过的了。康熙三十七年，康熙曾这样评价雍正：“四阿哥为人轻率。”（《康熙起居注册》）我们已经无法得知，康熙帝为什么会这么

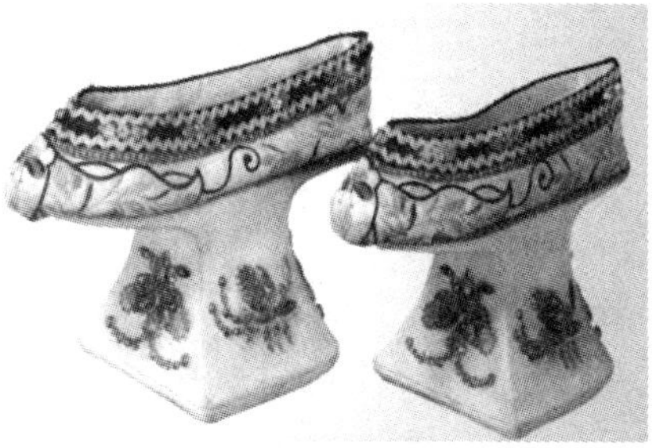

▲ 图6-12　后妃花盆鞋

评价自己的皇子，但可以肯定，父皇对他的印象是不好的。不仅如此，康熙帝还给了四儿子一个最致命的评论，那就是说他“喜怒不定”。这让雍正帝很惶恐，因为这个评论对他以后的发展很不利。所以，他绞尽脑汁，想尽办法，改变父皇的这个印象。《清圣祖实录》记载，康熙四十七年十一月，胤禛央求父皇：“今臣年逾三十，居心行事大概已定，请将谕旨内此四字恩免记载”。康熙帝经过思考，批准了胤禛的请求。但是，我们知道，一句老话叫作“江山易改，本性难移”，雍正帝怎么可能改变自己这个与生俱来的性格呢？我们在他的后宫之中，还会看到他不时暴露出来的喜怒不定的品性。

后妃大多不生育。雍正帝共有25位后妃，也算是后妃成群了。可是，这25人中，仅有7位生育了孩子，不足其后妃人数的三分之一。这就和《甄嬛传》中说的一样，很可能是雍正帝很少到后宫去，造成了大部分后妃没有生育。

出现两次汉女专宠。雍正帝的后宫女子，有三位是最讨人喜欢的。她们是宋氏、李氏和年氏。宋氏为宫女，但一定很漂亮，加上那时宋氏专心照顾，打动了胤禛，两人便偷食了禁果，这恐怕是胤禛的初恋了。胤禛后宫的两次专宠，是由两位汉女引起的。一位是李氏，李氏出身虽然不高，她的父亲仅仅是一个知府，比七品芝麻官稍微大一些，但是，李氏的品质深深吸引了胤禛，从康熙三十五年到康熙四十三年这近十年的时间里，胤禛独宠李氏，所以，这段时间，李氏接连收获了三个孩子。在这之前，李氏还生育过一个公主。另一位专宠的汉女就是年氏。年氏得宠是从康熙五十四年开始的，一直到雍正元年，年氏接连生了四个孩子，而同时，其他后妃一个都没有生育，说明这一时期，年氏独宠后宫。

这就是雍正帝在后宫之中表现出来的性格特征，虽然并不能代表雍正帝性格的全部，但也基本能够看出他人生中复杂多变的性格特点。

这些金丝笼中的甄嬛们，在生前，皇帝就要给她们准备好棺材，以防事出而手忙脚乱，然而，到底都做了哪些准备呢？

Chapter 7
第七章
# 棺具背后的秘密

甄嬛们棺具的选材备料、制作加工都充分体现出封建制度下皇家专权的显著特征。研究这些棺具，对了解满族的风俗、等级制度，以及丧葬文化等诸多方面都将大有裨益。

皇家的棺具，尤其是帝后的梓宫，是清王朝丧礼中众臣拜祭的中心，按照“事死如事生”的原则，一定是制作精良。首先在承做部门上，由内务府、工部等相关部门选择天下精良的物料，再由技艺高超的工匠精工细做而成。所以，这些棺具，在一定程度上代表了当时最高的工艺水平。就已发掘的棺具来看，乾隆内棺为凸雕经文，是一件十分难得的剔红作品。慈禧内棺为阴刻，然后填金，华丽无比。

不仅如此，各棺具的密封度也很好。帝后死后，殓入内棺，外椁尚未漆饰，要供放很长时间，但无论春夏秋冬，都不能发生尸体腐臭的现象，这就要求内棺必须密封良好。孝仪皇后、慈禧太后、孝哲皇后的尸体过去多年后而保存仍很完好，就足以证明这一点。

# 第七章　棺具背后的秘密

甄嬛们最担心的就是去世后没有棺材，因而，她们要未雨绸缪，早作打算。清朝后宫主位众多，“除了皇帝之外，还有太后、皇后、皇贵妃、贵妃 、妃、嫔、贵人、常在和答应，另外，还有皇太子、皇子、皇子妃、公主等。这些人死后，都要及时殓入棺具之中，以便保存好尸体，使其灵魂得到抚慰。不仅如此，以孝

▲ 图7-1　容妃地宫

治天下的清廷，在人死之后，都要根据礼部等拟出的治丧仪节，不断地向棺具行各式礼仪，其繁文缛节难以尽述。所以，棺具在清廷的丧礼中至关重要，是整个丧事的中心环节。那么，这些神秘的棺具从选材、制作到漆饰的过程是怎样的呢？拟就一些清宫档案和相关的历史文献，讲三个问题：

一是板材的备办及其他材料的备办。

宫中制作棺材，需要筹备一些特殊的材料，其中，最关键的是板材的制备，此外，还有其他的材料。

第一，板材的备办。

清宫棺具所用板材只有两种——楠木和杉木，具体用什么，要根据亡者生前身份而定。皇帝至皇贵妃，其中包括皇太子和皇帝本生父母，俱用楠木；贵妃以下俱用杉木。这种材质的区别，明显地将后宫中的等级区分开来。

关于棺具板材的来源，《清宫述闻》引用翁同龢的话："向例，由江南织造采进，系捐办，不具折，不开销也。"这种说法是否确切，还有待于进一步考证。查江南织造由三处组成，即江宁织造、杭州织造、苏州织造。三处的主要任务是负责宫廷及官员布匹的采办，但也负责宫廷其他用品的采办。如皇帝所用的绢纸、笔、墨、砚、朱砂等，以及交予采办的其他一切物品。在细目中，虽未引入板材的采办，但翁氏所云想必有一定道理。

在清宫档案中，确实留下了许多关于板材等物料来源的明确记载。

1. "准内务府文开，准掌仪司来文，诚嫔金棺至通州，照便预备。需用径6寸杉木，长3丈3尺21根；径5寸杉木，长3丈3尺34根，长2丈6尺1根；长5尺、宽4寸4分、厚5寸1分、楠木、檀木一块。移咨工部照数送至应用等因……将应需楠木移付都水司查办，其所需杉木移付木仓……"

▲ 图7–2　后妃服饰

2. "循贵妃薨逝，预备过杉木金棺。需用径7寸杉木，凑长23丈3尺4寸；径6寸，

▲ 图7-3　东珠耳坠

凑长14丈5尺9寸5分，共折见方125尺1寸9分1厘。因工部木仓无有贮杉木，将前项所需杉木折长6丈，小径7寸，桅木3根，长5尺；宽4寸4分；厚5寸1分楠木、檀木一块。移咨工部送至应用等因。除将取用楠木、檀木移付都水司查办外，重将所需桅木移付木仓查明……”

3. “工部为移付事，都水司案呈准屯田司付称内务府咨取，马常在薨逝，用杉木金棺，需长5尺、宽4寸4分、厚5寸1分檀木一块，付司给发等因。查前项檀木一块业经付令委署主事图敏等领取木仓檀木，锯送在案，相应仍咨内务府，将收到数目咨覆本府备案。”

从这三条材料，我们清楚地看到，备办板材是由内务府掌仪司或营造司行文工部营缮清吏司备办或取用。而在工部营缮司又有所分工，其所需楠木、檀木俱由都水司备办，其所需杉木则由木仓备办，大致如此。

因此，我们看出，翁氏所言板材系江南织造捐办，可能属个别特例。

板材备办以后，一般要打制成型，以备不虞。但也有皇帝巡幸在外时驾崩，仓猝之间不能找到合适板材而感到尴尬的情况。嘉庆二十五年（1820年）七月二十五日，正在热河避暑的仁宗驾崩，当日小殓。因为正值酷暑季节，尸体急需早日盛殓。可行宫并无良材，于是宣宗下谕：“梓宫为万世闷藏之器，此间并无合制良材，朕心益觉难安。京城原有豫为储备者，著留京王大臣、内务府大臣即派委妥员，设法运送前来，饬令昼夜行走，能早一刻务赶紧一刻。即将帮盖、底拆开，用毡包裹。俟到此间，再行合成，均无不可，总以迅速为要，万勿刻迟。”不久，宣宗得到回音：“查得内务府有乾隆年间备用楠木梓宫一分，向系拆散收存，便于包裹行走，并将梓宫外椁包妥，于本日午刻自京起程。”

由此可以看出，不仅板材早已备办，而且已经打制成具，不过是尚未漆饰而已。

▲ 图7–4 泰陵大红门远景图

第二，其他材料的备办。

制作棺具神秘又神圣，需用材料十分繁杂。不仅需用必备的板材，一些在制作过程中所需的物品也要一一供齐，方可动工。清宫档案中，留下了这方面的记载。

乾隆三十三年（1768年），温惠皇贵太妃（惇怡皇贵妃）薨逝，需为太妃制作楠木金棺，以盛殓尸体。内务府立即拟出所需物品，开列在粘单上（楠木、杉木除外），内开："松香250斤，黄蜡60斤，桐油80斤，烟子10斤，彩黄88斤5两9钱，严生漆5斤，土子面4斤，白干线布8丈。宁布20丈，广胶17斤10两1钱，木线柴200斤，鱼鳔6斤15两。五寸两尖钉144个，三寸两尖钉86个，三寸钉96个，二寸钉46个，头号两点钉164个，二号两点钉260个。长3尺挺钩8根，带曲须，计重34斤8两；长2尺挺钩8根，带曲须，计重23斤；长4寸钩搭12个，带曲须，计重4斤8两；长3寸钩搭16个，带曲须，计重4斤；长4寸宽1寸5分叶子36块。楠木匠366工半，锯工102工半，雕匠3工。"

尽管在粘单中开列了所用细目，但是，我们看出，棺具制作过程中所需棺内衬布尚未列在其中。再查其他档案发现，乾隆八年（1743年）十一月初三日，漆饰寿祺皇贵太妃金棺十五遍需用高丽夏布十五匹；嘉庆八年，乾隆帝白太贵人采棺漆饰十五遍，需用高丽夏布十五匹；咸丰十一年（1861年）二月十五日，道光帝常嫔金棺漆饰十五遍，需用高丽夏布十五匹，等等。由此可以看出，金棺在漆饰过程中，每一次至少需用一匹高丽夏布。

▲ 图7-5　后妃服饰

不仅如此，清宫主位中，内棺的四壁要附着上一层衬布，也有一定等级，等级越高，衬布层数越多。我们在清宫档案中，发现了光绪帝梓宫在制作过程中，所需衬布的粘单："上用满水一匹，蟒缎一匹，蟒阑缎一匹，妆缎二匹，字缎一匹，片金一匹，闪缎一匹，黑番字缎五匹，共十三匹。"

以上所需这些物品，要根据等级，由内务府开出单据，详列项目，然后再报工部备办。

二是棺具的制作及漆饰。

板材预备下来以后，要按等级适当裁做。但制作时，一般是将内棺制作好，以备不时之用，外棺将形制打出，不漆饰。

清代皇家棺具由内外两重构成，内称棺，外称椁，统称为棺椁。关于棺椁的制作情况，官书不见记载，而在《翁同龢日记》中记录下了咸丰帝孝贞显皇后梓宫的制作情况："梓宫之木用楠木，其厚不过一寸八分，其色微黑，其两旁立墙三块拼成。其后和拼尤多，其上坟起脊，亦每边三块所拼也。……其中朱漆棺形如方匣，四周写金刚经，俗呼金匮，此附身之棺。"

这里所记，基本正确。我们从清陵中已开放的棺具中调查得知，棺板最厚者为光绪棺，约11厘米，最薄的为乾隆帝乌喇那拉氏皇后棺，为8厘米，这与翁氏所记正相符合。翁氏所云外棺的形状，实际上带有浓郁的满民族特征，因为汉材是前大后小，直帮平顶，而满材则状如屋脊，这一点记载也正确。但是，翁氏所云内棺形如方匣，则为错误。据东陵开放实例，其内棺与外椁形

▲ 图7-6　乾隆帝乌喇那拉皇后棺

状基本相似，不过是内棺略小而已。

内棺制作完毕，均油朱漆数层，油完后阴干，在上面刻经咒。所刻经咒不分等级，一律为金刚经。如寿安固伦公主彩棺内“缮写西番字样”，道光帝常嫔内棺“缮写四天王咒”，康熙帝惇怡皇贵妃“写喇嘛字”，而清末慈禧太后的内棺同样书“西番四天王咒”。四天王咒的摆布形式，则是根据棺椁入葬地宫之后的实际方向而定，棺之南书南方增长天王咒，北书北方多闻天王咒，东为东方持国天王咒，西为西方广目天王咒。

这些西番文字的雕刻，有阴刻有阳刻。据实际调查得知，乾隆帝内棺为阳刻，其他均为阴刻，刻完后填金漆，华丽无比。

可是，并不是所有的棺具都有内棺，在清东陵裕妃园寝中埋葬的容妃金棺中就无内棺，但这绝不是等级的关系，因为，比她低下的乾隆帝诚嫔也有内棺。是否与墓主信仰伊斯兰教的身份有关，目前尚未可知。

▲ 图7-7　慈禧太后内棺刻经咒

在尸体大殓前，还要在内棺之中按等级铺以棺衬布，《钦定大清会典事例》中，清楚地记载了各等级棺具内衬布情况："列圣梓宫，内衬织金五色梵字陀罗尼缎五，各色织金龙彩缎八，凡十有三层；列后梓宫内衬梵字陀罗尼缎五，各色妆龙彩缎四，凡九层；皇贵妃金棺内衬五色梵字陀罗尼缎五，妆龙彩缎二，凡七层；贵妃金棺内衬三色梵字陀罗尼缎五，彩缎二，凡七层；妃金棺内衬三色梵字陀罗尼缎三，彩缎二，凡五层；嫔金棺内衬彩缎三层；贵人彩棺，陀罗尼缎候钦赐；常在、答应彩棺内衬红缎一层。"

外棺的制作，最重要、最能体现等级的则是漆饰了。外棺漆饰，要等到大殓以后进行。漆饰时，要由钦天监根据亡者的生辰、死亡的时辰，以及其他因素（比如天气）来确定漆饰日期。

棺具的漆饰，无论地位高低，都要择得合适的吉时，方可动工。当钦天监已经择好了动工日期，但适值寒冬时，则要停工，要等来年春融再行漆饰。其具体操作是钦天监将吉期告知内务府，内务府再知会工部执行。在清宫档案中，随处可见这样的记载。乾隆七年（1742年）二月，“采答应金棺漆饰动工吉期，交钦天监择得本月初九日午时动工吉，十七日巳时漆饰金棺吉。”同治四年（1865年）二月初五日，漆饰寿安固伦公主彩棺事，“自三月十八日起，务于五日内选择漆饰吉期……本监择得三月十九日甲寅宜用辰时漆饰吉。”光绪元年（1875年）二月十一日，漆饰同治皇帝梓宫，“经臣等交钦天监选择吉期，现惟钦天监选择得三月二十七日甲子宜用申时吉，除知照工部照例漆饰四十九次，俟漆饰时，臣等会同工部堂官敬谨监视，将漆饰吉期恭折奏闻。” 光绪三十四年（1908年）十二月初八日，择孝钦显皇后梓宫漆饰日期，“惟现值隆冬，气候凝滞，漆饰不宜。臣等公同商酌，谨拟缓至明岁春融闰二月间，交钦天监择吉敬谨漆饰。”

当然，棺具漆饰地点各不一样，也无成规可循，主要是钦天监选择的漆饰时间各不相同。如康熙二十六年（1687年）十二月二十五日，孝庄崩，到二十七年正月十四日初祭礼已过，才奏准漆饰；康熙五十六年（1717年）十二月初六日，孝惠崩，到三七过后，钦天监才择吉漆饰；雍正元年（1723年）五月二十三日，孝恭崩，到六月初六日绎祭礼后，才奏准漆饰；雍正九年（1731年）九月二十九日，孝敬崩，绎祭日漆饰

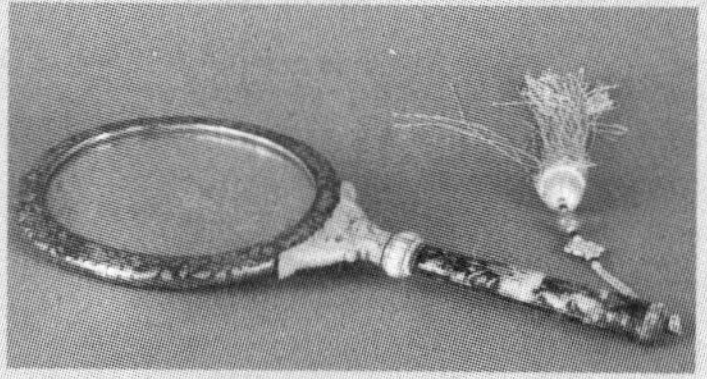

▲ 图7–8　把镜

▲ 图7–9　皇后服饰

朝褂即后妃及贵族女性在朝会、祭祀等仪礼场合套在朝袍外面的礼褂。皇后朝褂色用石青，片金缘，绣文前后立龙各二，襞积四层相间，上绣各种纹饰。领后垂明黄绦，绦上缀饰珠宝。

等。后宫主位的棺具要在不同的地点接受臣子的拜祭，因而，在未入葬之前，是流动的，称为暂安，所以，漆饰地点不可能不改变。档案记载，同治皇帝棺椁漆饰地点在景山观德殿，慈禧棺在紫禁城内皇极殿漆饰。有的人则要在陵寝所在地漆饰，如寿安固伦公主在大清河公主园寝内漆饰，道光帝常嫔、祥嫔金棺在慕东陵东、西配殿同时漆饰，等等。这些都与钦天监选择的漆饰日期有关系。

漆饰时，不是工匠独自操作，要派出官员监视，一是看其质量；二是看油饰的次数是否够。其监视人员级别很高，既有“恭理丧仪王大臣”，也有“工部堂官，工部司员”，这要看亡者身份。一般恭理丧仪王大臣为皇帝钦派，工部官员则由工部奏闻。

清代皇家棺具的漆饰等级森严，要严格按规制办，不可逾越。丧礼规定：列圣梓宫漆饰四十九次，列后梓宫漆饰各有区别，“列后大丧在圣子皇帝嗣位后者，梓宫外椁漆饰四十九次，在正位中宫时者，梓宫外椁漆饰四十七次”。这则记载，前半句正确，史有佐证；后半句则应考证，因为典籍中多有记载当朝皇

▲ 图7-10　慈禧内棺

后梓宫亦漆饰四十九次。如雍正孝敬皇后崩，“梓宫照例漆饰四十九次，”乾隆十三年（1748年）三月十一日，孝贤皇后崩，“梓宫照例于本月初七日起，漆饰四十九次”。但《则例》中所记皇后梓宫漆饰四十七次，并非无中生有。嘉庆十三年（1808年）正月二十一日，孝穆皇后崩，当时她为皇子旻宁的福晋，所以，其棺具漆饰减略，旻宁继位后，一方面追封她为皇后，一方面将其棺具从园寝内起出，“漆饰四十七次。”可见，太后和当朝皇后的棺具漆饰四十九次，而只有追封皇后的棺具才漆饰四十七次。

皇贵妃金棺漆饰三十五次，贵妃、妃、嫔、贵人、常在、答应及众皇子、皇子福晋的外棺均漆饰十五次，皇太子与皇贵妃一样，为三十五次。漆饰时，不但要准备各色漆、金粉，还要备有灰粉，同时，还要准备高丽夏布，档案记载：“玉贵人彩棺照便漆饰十五遍，需用高丽夏布十五匹。”

漆饰的程序很复杂，有的也不尽相同。嘉庆八年（1803年）六月，记载了白太贵人彩棺漆饰做法，依次为：“钻生油、粗灰、细灰、披麻、押麻灰、披麻、押麻灰、披麻、押麻灰、水磨钻生、粗灰、细灰、垫光油、漳丹油、朱油。”而同样漆饰十五次，但每次漆饰会因等级不同而有所区别，如光绪二十一年（1895年）闰五月二十日，漆饰瑨妃金棺时，做法为：“头次钻生，二次通灰，三次满布，四次押布灰，五次满布，六次押布灰，七次满布，八次押布灰，九次中灰，十次细灰，十一次浆灰，十二次糙漆，十三次垫光漆，十四次退光漆，十五次金黄漆。”

▲ 图7-11　后宫内景

但是，到清代末季直至民国年间，由于经济和社会两方面的原因，这些传统的规制被打破，即使是尊贵的皇贵妃的棺具，在漆饰时也大为减缩。《新整溥仪档》记录了两条档案。温靖皇贵妃金棺漆饰，“第一道透钻生漆，第二道通灰漆，第三满漆糊夏布，第四押布灰漆，第五细灰漆，第六退光漆，第七明黄光亮大漆。”端康皇贵太妃金棺漆饰，“捉缝灰一道，通布一道，压布灰一道，细灰一道，浆灰一道，水磨糙漆一道，电光黑漆一道，光黄漆一道。”

由于漆饰复杂，需用时间很长，同时，每次漆饰完以后，还要通风放气，促其干燥。档案中记载了道光帝佳贵妃外棺漆饰和放风的过程：“五月初十日辰初三刻，工部官员带领匠役人等，至佳贵妃金棺漆饰毕，至辰正二刻退出；五月十四日巳初三刻，工部员外郎崇连带领匠役人等，至佳贵妃金棺前放风毕，至巳正退出；五月十六日巳初一刻，工部员外郎锡纶带领匠役人等，至佳贵妃金棺前漆饰毕，至巳正一刻退出；五月二十日巳初二刻，工部员外郎崇连带领匠役人等至佳贵妃金棺前放风毕，至巳正三刻退出；五月二十三日巳初二刻，工部员外郎崇连带领匠役人等至佳贵妃金棺前漆饰毕，至巳正三刻五分退出；五月二十七日巳初，工部员外郎崇连带领匠役人等至佳贵妃金棺前放风毕，至巳初一刻十分退出；五月二十九日巳初一刻，工部员外郎锡纶带领匠役人等至佳贵妃金棺前漆饰毕，至巳正三刻退出。其次是六月初三日放风，六月初八日漆饰，六月十二日放风，六月十四日漆饰，六月十七日放风，六月二十日漆饰，六月二十五日放风，六月二十七日漆饰，六月三十日放风，七月初二日漆饰，七月初五日放风，七月初七日漆饰，七月十一日放风，七月十三日漆饰……”

由此可见，漆饰一具棺椁需用数月的时间才可完成。漆饰时，在棺具旁边放一块板，每漆饰一次，匠役在木板上也同样漆饰一次，以便监视王大臣或工部堂官验收质量。

清代皇家棺具最外层漆饰，为代表等级的最终之漆，因而非常重要。文献中明确记载了各级棺具的外层漆色：列圣、列后浑饰以金；皇贵妃髹以黄，绘金云龙纹；贵妃髹以金黄，绘金云龙；妃嫔髹以金黄；贵人、常在、答应皆髹以朱；皇太子髹以黄，绘金云龙纹；皇子髹以朱，绘金云龙；福晋髹以金黄。规制虽如此，但在实际操作中又各有区别。如同为皇贵妃金棺，温靖皇贵妃画大赤金龙，而端康皇贵妃则为平金开墨画金龙。同是皇后梓宫，慈禧太后为浑金，而隆裕皇后则刻画有图案。

三是后妃棺具的特点及规律。

清代皇家棺具，既沿袭了入关之前本民族的特征，又在一定程度上吸收和融进了汉文化，同时，也夹杂有宗教的内容。因而，这些棺具是我们认识和了解清代宫廷秘史的重要实物资料。总结起来，我们概括出如下特点和规律：

第一，浓郁的民族特点。说它具有民族特点，是与汉材相比较而言的。如明嘉靖帝的棺具是直帮平顶，前大后小的形制。而清代皇家棺具则“盖如屋脊，中间隆起，两边倾斜，内部高大。棺头置一木质葫芦，挂整貂一具”。棺具的这种形制，在满族称为旗材。入关前，游牧民族的满族出于实际的需要，而在棺具前端置一葫芦，挂一些狩猎品来祭奠先人。入关后，虽然仍在棺具中保留了葫芦，但已失去了它的实际用意。

第二，复杂而森严的等级特征。入关以后，满人贵族很快吸收了汉文化的精华。在其棺具的制作过程中，主要体现在森严的等级制度上。在选材上，楠木、杉木的区别使用，在漆饰中，三六九等的不同待遇，以及内棺衬布的细微区别，等等，都体现了等级制度的森严。

在称谓上，则更加细化。帝后之棺称为梓宫，其中包括太后或太皇太后；而皇贵妃、贵妃、妃、嫔的棺具称金棺；贵人、常在、答应则只可称为彩棺了。在棺具的体量

▲ 图7-12　慈禧地宫

▲ 图7-13　皇后龙袍

清代女龙袍为圆领、右衽、大襟、左右开气、袖有袖身、接袖、综袖、马蹄袖端的明黄色的长袍。领与接袖、中接袖、袖端为石青色。该款龙袍纹样为织绣五爪金拢八团，两肩、前胸、后背饰正龙各一条，襟饰行龙四条，下幅饰八宝立水。

▲ 图7–14　慈禧太后内棺表面刻经咒

上，则等级越高，其棺具越高大，反之，则低矮。这是明显的外部特征。

第三，宗教内容的重要体现。其实，清代皇家崇信佛教，已毋庸置疑。但在棺具的制作上，则只能通过实物来验证。从档案中知道，其棺具内的数层棺衬，均有陀罗尼经；在实物中，我们发现，慈禧、乾隆、淑嘉皇贵妃内棺表面均雕有番文金刚经咒等，这些都是佛教内容在棺具中的反映。

第四，高超的工艺水平。毫无疑问，皇家的棺具，尤其是帝后的梓宫，是清王朝丧礼中众臣拜祭的中心，按照“事死如事生”的原则，一定是制作精良。首先在承做部门上，由内务府、工部等相关部门选择天下精良的物料，再由技艺高超的工匠精工细做而成。所以，这些棺具，在一定程度上代表了当时最高的工艺水平。就已发掘的棺具来看，乾隆内棺为凸雕经文，是一件十分难得的剔红作品。慈禧内棺为阴刻，然后填金，华丽无比。不仅如此，各棺具的密封度也很好。帝后死后，殓入内棺，外椁尚未漆饰，要供放很长时间，但无论春夏秋冬，都不能发生尸体腐臭的现象，这就要求内棺必须密封良好。孝仪纯皇后、慈禧太

▲ 图7-15　后宫

后、孝哲毅皇后的尸体过去多年后而保存仍很完好，就足以证明这一点。

第五，棺具的发展和变化。清代皇家棺具也随着清王朝的变化，而悄悄地发生着或多或少的变化。在关外，由于常年打仗，屡次迁都，加之顺治以前实行火化，其棺具无论多么华丽，也要付之一炬，因而棺具十分俭朴。康熙以后，随着土葬的实行，棺具将永远保存下来，因而被十分重视，礼臣便依制定出各个等级。但到清朝末年，随着西方文化的进入，对清代皇家棺具也产生了一定影响，比如用料上，就选择了西洋漆；在外棺的漆饰上，也不再拘泥于固定的次数。森严的等级制度有所松动了。

总之，甄嬛们棺具的选材备料、制作加工都充分体现出封建制度下皇家专权的显著特征。研究这些棺具，对了解这一民族的风俗、等级制度，以及丧葬文化等诸多方面都将大有裨益。

为甄嬛们精心准备好了各式棺材后，就等有一天她们去世了。真的到了那一天，宫里要做好哪些准备呢？

Chapter 8
第八章

# 香消玉殒 盖棺定论

清宫殉葬品所反映出来的历史文化是多层面的，它不仅能够折射出墓主所处时代的文化特色、经济实力、科技水平；同时，还能够看出墓主人生前的喜好与性情，更是研究等级社会中这些历史人物荣辱兴衰的宝贵文字或实物资料。

甄嬛们的随葬品不似明陵那样复杂，只是在棺中放置些死者生前用过的珍玩或日常用品。随葬品的表现形式大体上分为穿戴、含口、塞棺、金井安放、覆盖经被、册宝几种。其中含口也有明显的等级之分。

清理乾隆地宫时发现的一枚雕成蝉状的玉片，基本确认为乾隆帝含口。郭沫若先生在其考证文章中，也提过皇帝含口应为玉蝉。蝉应节蜕皮，寓可以转世超生之意。皇后的含口，亦无明确记载，只是孙殿英盗墓时，发现慈禧口含一颗大的夜明珠，由两块组成，价值连城。其他皇后想必没有如此豪华的含口。皇贵妃以下的含口，在档案中却有一些记载，如道光帝彤贵妃死后，“口含小正珠一颗”。珍珠向为满人贵族所喜爱，各个等级的妃嫔死后，口含珍珠属正常现象。当然，是否有依礼含金木屑、金银屑、银屑的妃嫔，就有待证实了。

# 第八章　香消玉殒 盖棺定论

人固有一死，后妃也是一样。虽然她们生前的宠辱程度、生命寿数，以及是是非非都会截然不同，但是一旦她们合上双眼，永远地告别神秘而复杂的后宫，告别这纷繁而复杂的大千世界，后人就会为她们的荣辱兴衰而盖棺定论，或扬或抑，或褒或贬，不一而足。这里我讲四个问题。

第一，盖棺定论。

甄嬛们一旦去世，皇宫就要给她们以评价，所谓盖棺定论。就皇后而言，这些一人之下，万人之上的六宫之主，就有种种结论。清朝有皇后27位，但真正正位中宫，名副其实做过皇后的仅16位，其余则为皇帝追封的皇后。对这些皇后，今人因其寿数、在位时间长短有过种种总结。有最短命的皇太后康熙帝生母孝康皇后，她做了2年皇太后，22岁守寡，崩后火化，终年24岁；有最长寿的皇太后，乾隆皇帝的生母孝圣皇后，她受乾隆帝恩养达40多年；有当皇太后时间最长的顺治帝孝惠皇后，她14岁入宫，21岁守寡，做了56年皇太后，卒年77岁，丈夫在世时不被宠爱，丈夫死去，继位的康熙帝倍极孝顺，她从此时来运转；有当皇后时间最长的嘉庆帝孝和皇后，她小嘉庆帝16岁，为王府侧福晋，嘉

▲ 图8-1　孝惠皇后像

庆二年册立为皇后，当了23年皇后，嘉庆二十五年，丈夫死后，她被尊为皇太后，直到道光二十九年才死去，寿74岁；也有一生中只做过1天皇后的康熙帝孝懿皇后，康熙二十八年七月初九日，正在重病中的她，已近弥留，心地善良的康熙帝企图通过晋封其位号来为她"冲喜"，当日封其为皇后，可是，并未起作用，第二天她即驾鹤西归，只做了1天皇后；而道光帝孝静皇后，为奕䜣生母，因为奕䜣与咸丰帝不合，遭咸丰帝猜忌，其母大受牵连，虽在咸丰五年七月初一，被迫晋尊为康慈皇太后，却仅活了9天就崩逝了。

就雍正帝的甄嬛们来讲，对她们的结论由两个人来做。一个是她们的丈夫雍正帝，这些甄嬛要死在雍正帝去世之前，否则，雍正帝怎么下结论呢？这些人有中宫皇后，结论是"孝敬皇后"，一个至高无上的评价。有贵妃年氏，因为有爱情力量的支撑，雍正帝对她格外垂青，破格以皇贵妃之礼治丧，并谥号为"敦肃皇贵妃"，太难得了。有宁妃武氏，她是一个谜，既没有生育，也没有很高的出身，她的父亲地位低下，仅是一位知州，却在雍正二年去世后，"追封为宁妃"（《清皇室四谱》）。看来，雍正帝很喜欢她，或许她进入到雍王府较早，那时是一位漂亮的宫女，也未可知。还有两位微不足道的女子，张贵人和常常在，虽为雍正帝的嫔御，却并不得宠，她们的死与生，雍正帝并不在意，死后只被简单埋葬。

另一个，就要由乾隆帝来为他的母妃们盖棺定论了，这也是应该的，因为你继承了人家的江山。有他的亲生母亲熹贵妃，死后建陵，并上了尊贵的谥号"孝圣慈宣康惠敦和诚徽仁穆敬天光圣宪皇后"，表达出了乾隆帝对生母的孝顺。有裕妃耿氏，由于这个女人和熹贵妃关系好，也得到乾隆帝的特殊照顾，先是被尊封为贵太妃，就在太后去世后，乾隆四十三年，乾隆帝又晋封她为皇贵太妃，已经是最高级别了，乾隆四十九年去世后，乾隆帝最终

▲ 图8-2 孝静皇后像

▲ 图8-3 后妃簪子

了她一个很好的评价，谥号为“皇考纯懿皇贵妃”（《清列朝后妃传稿》）。有齐妃，这个苦命的女人，先是失宠于自己的丈夫雍正帝，接着，雍正八年，熹妃被封为贵妃，她落在了熹贵妃手中，任人摆布；乾隆帝即位，眼看着裕妃晋升为贵太妃，自己却有一种寄人篱下之感，乾隆二年，终于走到了生命尽头，乾隆帝安葬了她。

还有谦妃刘氏，这个女人进宫很晚，她比雍正帝小36岁，父亲是一个身份低微的内管领，由此推测，她很有可能是宫女出身，应该是很合雍正帝的心意，偶然得宠。从她生子的情况看，她是在雍正帝大病不死之后被看上的，而且，居然怀孕生下了皇子，这就是雍正帝最小的儿子弘瞻。《甄嬛传》中说弘瞻是熹贵妃的儿子，那是不对的。谦妃的封号是乾隆帝给的，她一直活到乾隆三十二年，那时，她的儿子弘瞻也已经去世两年有余了。

至于那些雍正帝留下的贵人、常在、答应，由于雍正帝没有特别叮嘱，也由于她们对雍正帝没有特别贡献，比如生育等，因而，乾隆帝没有给她们以特别的恩封，一概葬入妃园寝而已。

第二，装入棺中。

甄嬛们去世后，要按照皇家的规矩制度，进行一系列的丧事活动，级别高的，诸如皇后、皇太后，便从此进入大丧，也称国丧期，全国为之致哀，丧期也长；而皇贵妃以下的，则仅在宗室或皇宫内举行丧事，等级和规模有着明显的区别。后妃死后，皇家临丧时，程序复杂，礼仪众多，但都要从小殓开始。

小殓，其实就是为死者穿上寿衣。在小殓之前，按例允许后妃至亲之人或娘家人看视，尤其是死在皇帝之前时，皇帝要看视小殓，皇太后健在，也要前往看视。明时，帝后妃死去，有浴尸后再小殓的记载，而清代则没有浴尸的记载。小殓时要给死者含口，并按制着寿衣。

若是太后死去，皇帝则要极尽悲伤地带头哭号，以表达孝心。如孝庄死时，康熙帝大放悲声，擗踊哀号，呼天抢地，哭无停声。而孝惠皇后去世时，康熙帝竟哭得晕死过去，吓得雍正帝慌忙制止众人哭号，场面顿时一片寂然，不一会儿，康熙才苏醒过来。而当朝皇后之死，皇帝则不哭，至少在档案记录中没有哭踊的记录。

小殓完毕，就要由钦天监择吉时大殓了。大殓就是把死者抬入棺具之中，这是死者与生者最后的告别了，因而，大殓反映出严格的制度。最为明显的，便是棺中的殉葬品。

清后宫主位死后，大殓时，要有部分殉葬品随葬。这些殉葬品会因时代不同，亡者身份不同而各有差异。由于惧怕后人盗陵，地宫殉葬品这些宫闱秘辛为世人鲜知。尽管如此，清宫档案、清人笔记等文献中还是留下了蛛丝马迹，是我们研究清宫殉葬品的宝贵资料。

清宫的殉葬品，有一个历史的发展过程。早期，由于受客观条件的制约，并没有殉葬品，尤其是实行火化，地宫中只有一些骨灰坛子，就不会有殉葬品，因为清代宫中殉葬品主要是放在巨大棺椁的缝隙之中。

火葬是早期满人随葬品极少的原因。资料记载："木棺火葬，多是先将尸体火化，把骨灰及随葬品装入木棺，再在墓穴内将木棺、骨灰、随葬品一同加以

孝庄太后生活俭朴，不事奢华。平定三藩时，她把宫廷节省下的银两捐出犒赏出征士兵。每逢荒年歉岁，她总是把宫中积蓄拿出来赈济，全力配合、支持孙子的事业。她的表率行为，更使皇帝增加十二分敬意。

◀ 图8-4　孝庄皇后像

焚烧，然后封土成冢。”从已开放的清陵中，也可以证实这一点。这些棺具的头部都有一个葫芦状的东西，是早期满族习俗的物化表征。这个葫芦的作用，相传“挂整貂一具”。作为对逝者的随葬物品，既朴素简单又庄重大方，因为在满族人心目中，貂是珍贵的动物。而在棺内，则殊少放置随葬品。

可见，在努尔哈赤和皇太极时代的丧葬活动中，是很少有随葬品的，清宫档案和发掘实例中也未见记载。直到顺治帝崩逝，清王朝底定中原已二十多年了，这种简朴的丧葬习俗才有所改变。

一向风流奢华的顺治帝死后，孝庄文皇后为其举办了隆重的丧礼。尽管仍保持关外火葬的习俗，但在随葬品上却并不吝啬。死后第7天，在乾清宫外举行“小丢纸”，焚烧顺治帝用过的冠袍带履、珍玩器皿。有人这样记载：“十四日焚大行所御冠袍器用珍玩于宫门外……所焚诸宝器，火焰俱五色，有声如爆豆。人言每焚一珠，即有一声，盖不知数万声矣。”（《清宫述闻》）不仅如此，顺治帝的梓宫内，尸身周围仍充满了各种珍玩玉器，出殡时，“命八旗官二三品者轮次

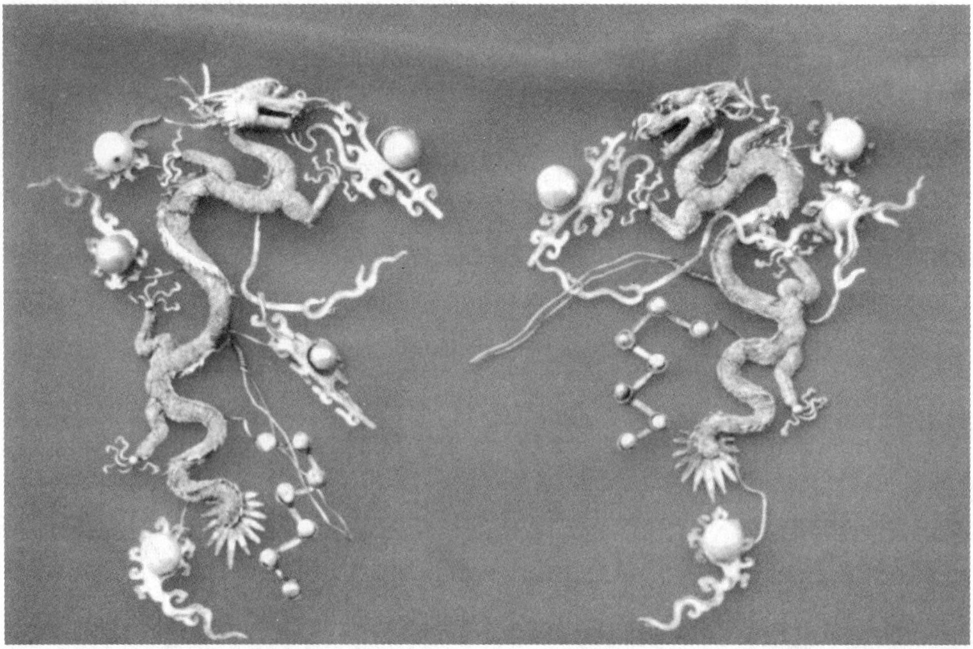

▲ 图8-5 裕陵地宫出土金丝龙

▲ 图8–6 顺治帝像

升柜，与舁者皆言其重”。待过百日后，棺中这些珍宝于景山殡宫内火化掉了。

顺治帝火化后，先将其骨殖殓入骨灰罐中，再葬入地宫之中。关于地宫中的随葬品，清孝陵大碑楼中这样记载：“皇考遗命，山陵不崇饰，不藏金玉宝器。”其实，倒不是顺治帝下过这样的简葬遗诏，而是在一个瓷坛子中，也确实无法放置什么金宝玉器。

康熙中叶，玄烨废除了火化和人殉，在丧制上进行了大规模的改革。土葬的实施，为在棺具中附有陪葬品提供了便利和可能。自康熙景陵开始，直到光绪帝崇陵止，清陵中均有不同数量的随葬品存在。

第三，随葬品。

甄嬛们的随葬品不似明陵那样复杂，只是在棺中放置些死者生前用过的珍玩，或日常用品。而尸体周围的随葬品则视其地位高低，随意填充，基本无定制。随葬品的表现形式大体上分为穿戴、含口、塞棺、覆盖经被、金井安放、册宝几种。

穿戴。后宫主位死后，均要在大殓后穿戴齐整。而且，这种穿戴要能反映出墓主人生前的地位或身份。皇帝死后，其穿戴是朝服一套。如乾隆帝死后，头戴天鹅绒绣佛字台正珠顶冠，身穿绣黄宁绸绵金龙袍，佩雕珊瑚嘛呢字朝珠，足蹬青缎凉里皂靴。皇后的穿戴与皇帝大致相同，不过清代皇后死去，尚未发现有戴“凤冠”字样的记载。皇后的头上，一般为金累丝点翠镶珠石钿，大概这就是所谓的“凤冠”吧。雍正帝的孝敬皇后和孝圣皇后大致如此。皇贵妃以下至嫔位，居东西六宫。她们死后，均头戴吉祥帽，身穿各式蟒袍，戴朝珠，蹬朝靴。如咸丰帝婉贵妃死后“头戴吉祥帽……（穿）金黄缎绣五彩金龙绵蟒袍一件”；嘉庆帝淳嫔死后“头戴吉祥帽一顶……（穿）绰丝棉蟒袍一件……伽楠香小朝珠一盘……”至于贵人、常在、答应，在后宫中地位低下，其死后，无特旨只穿寻常夔龙衣服入殓。如乾隆帝白贵人死后，“头戴吉祥帽……（穿）石青缎绣八团有水夔龙绵褂一件……”这些穿戴看似简单，实际上每一件物品，如首饰等，均镶有不同名目的各色宝石、珍珠，十分考究，尽显皇家气派，令人眼花缭乱。

含口。又叫“口头实”，自古有之。其作用，一曰压舌头，防口舌之灾；一曰口中有物，防饥饿。春秋之制，天子以珠，诸侯以玉，大夫以碧，士以贝。清代，宫中的含口也有明显的等级之分。皇帝的含口在档案中未见记载。但清理乾隆地宫时发现的一枚雕成蝉状的玉片，基本确认为乾隆帝含口。郭沫若先生在其考证文章中，也提过皇帝含口应为玉蝉。蝉应节蜕皮，寓可以转世超生之意。但其他帝王是否如此，有待考古后佐证。皇后的含口，亦无明确记载，只是孙殿英盗墓时，发现慈禧口含一颗大的夜明珠，由两块组成，价值连城。其他皇后想必没有如此豪华的含口。皇贵妃以下的含口，在档案中却有一些记载，如道光帝彤贵妃死后，“口含小正珠一颗”。珍珠向为满人贵族所喜爱，各个等级的妃嫔死后，口含珍珠属正常现象。当然，是否有依礼含金木屑、金银屑、银屑的妃嫔，就有待证实了。

塞棺。对于清陵来讲，随葬品的实际意义是填补棺缝，于是，大量的珍宝便被倒进棺中，尸身周围塞满随葬宝物。这些宝物在清宫内务府白事档中一般都留有记录。这些随葬品，其来源一般可分为三类：一类为墓主生前日常所用或珍玩。这部分包括四季衣服、首饰、朝珠、头面、被褥或面料、戒指、如意及各式珍玩。如同治皇后阿鲁特氏棺中就随葬有：珊瑚等各式朝珠，金扁簪等各式首饰，镯子、镏子、甲套等各式佩饰，棉马褂等各种衣物，共计多达100余件。墓主生前的衣物及大部分可回收的金银制品，本着节俭的原则，宫廷要一律收回，或赏人或熔化重铸。只有一少部分随葬品中，在大、小丢纸及上坟时焚化。如容妃在初上坟时，将“无簪花素钿一顶、石青素缎夹褂一

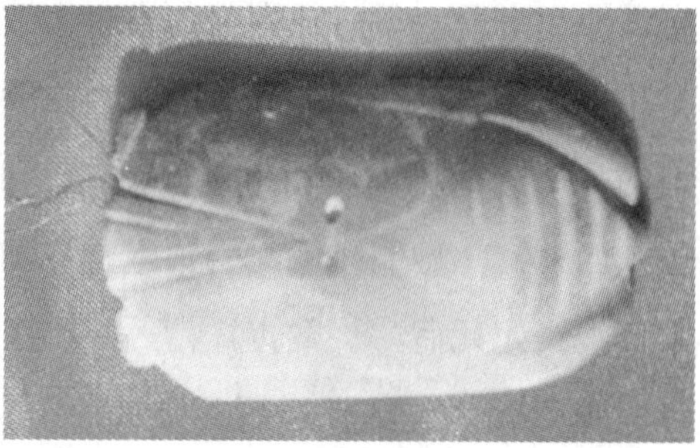

▲图8-7　乾隆帝压舌玉蝉

件、绿缎银领袖棉袍一件……”焚化。而乾隆帝死后，其生前华丽昂贵的衣物竟分19次焚化。

另一类随葬品则为宫中主位在大殓时赠送。大殓即将结束，在盖棺前，其生前亲属，无论长幼，均可赠送东西，放入棺中。这些赠品也要记录在档。如孝哲毅皇后在光绪元年二月二十日大殓前，咸丰帝丽皇贵太妃、婉贵妃、祺贵妃、玫贵妃、吉妃、禧妃、寿庄和硕公主；道光帝佳贵妃、成贵妃、彤妃；同治帝瑜妃、珣妃、瑨嫔；光绪帝及各王府主位都纷纷向阿鲁特氏棺中赠送礼品，以表达他们对大行皇后的思念。这些赠送的东西极其简单，一般为荷包、烟壶、玉石坠等小玩意，只表达心意而已。

值得一提的是，1928年7月，乾隆和慈禧的陵寝被盗。关于随葬物品，世间传说纷纭，尤其有一本民间笔记《爱月轩笔记》，将慈禧棺中珍宝记录得神乎其神，煞有介事。不过这份笔记与清官方档案的记录几乎全部不同，在《内务府档·慈禧皇太后殓入及山陵供奉珠宝、玉器账册》中，记录物品大部为朝珠、头饰、玩意，以及各色宝石、珍珠等物，全然没有所谓翡翠白菜、西瓜、甜瓜、荷叶、荷花及水果的各色宝石等物。如此大相径庭，使人们对《爱月轩笔记》的真实性顿生疑窦。

从发掘实例来看，殉葬品中，绝少有纸制品，即便喜好字画的乾隆帝梓宫中，也未有随葬字画的先例，档案中也未见记载。究其原因，可能与清陵中地宫较浅，道光以前又没有渗水孔，地宫比较潮湿等有直接的关系。帝后妃生前的头发、牙齿和指甲往往被收集起来，有的在死后随葬棺内。如慈禧棺中，就发现有一包她生前的指甲和几颗牙齿。还有先帝的遗念。先帝死后，其日常所用要赏给遗孀，作为纪念。后妃死后便将一些遗念，带进棺中随葬，这在宫中是允许的。如道光帝彤贵妃棺中就安放有宣宗遗念：青玉暖手一件、玛瑙烟壶一件、沉香手串一盘（随红玛瑙佛头塔、松石坠角）、发二包。

陀罗经被。陀罗尼，佛教名字，梵文的译音，意译“总持”，表示地所闻法，能总摄忆持，不会忘失。佛教密宗认为其咒语能包含众多经义，称之为“陀罗尼”。陀罗尼经被为佛教密宗圣品，清代，从皇宫到王大臣奉旨使用。这种经

▲ 图8-8　鼻烟壶

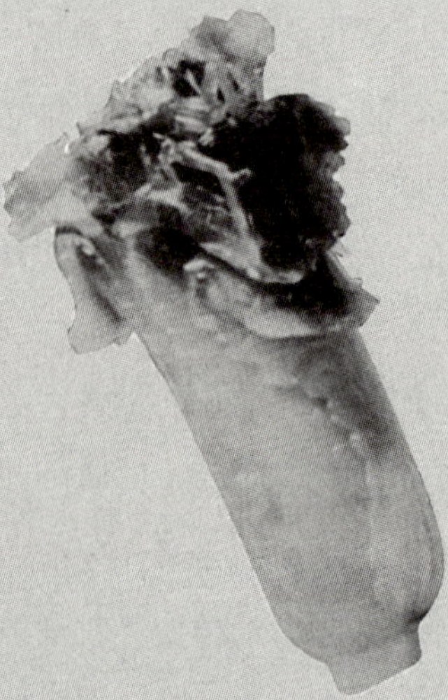

▲ 图8-9　翡翠白菜

下图为翡翠雕刻的翠玉摆件。白帮绿叶的白菜，象征清清白白，寓意淡泊名利和高雅的气节。

被上满印梵文密咒，即梵文陀罗尼大悲咒。书写形式多为旋转或盘旋。有的是印上去的金字，有的是织上去的。经被的质地多为绫、绸，颜色各异。后宫主位死后，棺中宝物均已安放完毕后，最上面就要盖一床陀罗经被了。盖上这种经被，是对死者的敬重和安慰，可让死者超脱苦难，尽快进入极乐世界。慈禧陵被盗后，她的经被幸存下来。这床经被制作精美，幅面又大，图文布局得当，华丽无比，上面原来缀有820粒珍珠，弥足珍贵。

金井随葬品。金井位于清陵地宫金券之内。在墓主棺具的正下方，是一个中心探井，其深不过1.5米，直径约0.4米左右。金井对清陵的营建至关重要，它决定着地下各券及地上各建筑的位置。为求得息壤，清宫主子们生前多次将自己珍爱之物放入金井之中。清宫档案中，明确记录下了慈禧太后生前分别于光绪五年三月二十五日、十二年三月初二日、十六年闰二月十九日、二十八年三月初十日、三十四年十月十二日、三十四年十月十五日，共6次向金井中投放大量珍宝，主要是珠类制品和金银器。其中，光绪十六年中投进的正珠手串一盘最为名贵，此一件在光绪二十四年闰三月初五日，奉懿旨取回。可惜，这些珍宝于1928年被匪徒劫掠。光绪帝金井中，投放有250多件随葬

▲ 图8-10　慈禧陀罗经被纹样

▲ 图8-11　慈禧陀罗经被纹样

品，主要是子母球、怀表、各类宝石制品等物。

册宝。作为地宫随葬品，册宝虽然不是名贵物品，但在清代却是很神圣的。“册”是册文，“宝”为印玺。有绢、玉、金、银、木等不同质地。后宫主位们生前死后都要用册宝。死后所用册宝，根据质地不同，所用地方不同。玉质册宝，要供奉在太庙之中；绢册宝，供奉完后要焚化掉；只有香册宝用完后要随放在地宫之中。地宫随葬册宝由檀香木制成。陈放时，皇帝陵陈于穿堂券之中（光绪帝册宝在金券），皇后陵则陈于金券之中，都是左册，右宝。册宝放在各自的箱子中，箱子陈列于石座之上。慈禧的香册、香宝都保存了下来，是我们研究清代丧葬典制宝贵的实物资料。

第四，从殉葬品透视出来的文化信息。

丧葬文化无不打上时代的烙印。从那些出土的地下物品中，完全可以透视出当时最先进的文化特征，清陵也是一样。从中我们可以看出，这些殉葬品具有以下一些特征：

一是浓郁的满文化特色。

这是不言而喻的。其实，后来的汉化，以及来自汉文化的广泛影响，并没有完全摧毁满族统治者自身的民族特点。

如满族妇女有留指甲，戴甲套习俗；不论男妇都有闻鼻烟醒神的习惯。嘉庆帝淳嫔棺中便放

▲ 图8-12　慈禧香宝

有指甲套一对、玛瑙鼻烟壶一个。而荷包、香囊多为满族青年男女的定情之物，进关后，这一习俗始终未变。宫廷中各位主子都有腰间佩挂饰物的习俗，因而，孝哲毅皇后的棺中有许多这样的荷包随葬。

二是相对简朴的随葬习俗。

简朴是相对而言的，无论清初或中后期，皇家丧葬的随葬品都会比同期官僚贵族的多。但同其他朝代相比，清朝皇家随葬相对简朴。以明朝为例，这个农民起义后建立起来的政权，却并不简朴，不但明英宗前仍保留着野蛮的人殉习俗，而且，在随葬品上也是极尽豪华。在明定陵发掘中，就出土了善翼冠、凤冠等3000多件价值连城的随葬品，不但棺内塞满宝物，还有数个大随葬箱设置地宫之中，这在清陵中确实没有。

清帝也有生前安排随葬品的先例。但其所定随葬物并不以华丽昂贵取胜，而是一些很有纪念意义的东西。以雍正为例，雍正八年，身患重病的胤祯以为大限将至，便降旨安排随葬品，“当年太皇太后赐朕数珠一盘，现在养心殿收着，还有圣祖阿玛赐朕数珠一盘，尔等察来，同此小匣内玻璃鼻烟壶一件归于一处，交在自鸣钟好生收着……如朕万万年之后，将此三件安于梓宫内”。在此后的十多天内，他又命人将金托碟白玉杯一分、黄地珐琅杯盘一分、《日课经忏》书一部收入自鸣钟处备用。这些东西或为孝庄、圣祖所赐，或为宠臣怡亲王允祥遗物，并不珍贵，但有纪念意义。

三是备受青睐的珠玉随葬品。

珍珠、美玉例来为我国古代劳动人民所喜爱，古帝王丧葬中已屡见不鲜，但清皇室的随葬品表现得尤为突出，尤其在乾隆二十二年，新疆准噶尔部叛乱平定后，新疆玉源源不断进入清廷，清宫殉葬品中葬玉便成为司空见惯的事了。

同治帝孝哲毅皇后棺中就随葬有玉戒指3枚、绿玉圈1个、绿玉镯子2个、白玉圈1个、白玉镯子2个、白玉钳子2个、玉手串1串等玉器，后宫主位、宗室又送各式玉器达300余件。

在清东陵所葬玉制品中，最有名气的要数康熙景陵的九龙玉杯和慈禧棺中的翡翠白菜了。当然，这些玉制品现今还未浮出水面。

雍正皇帝自幼及长素以读书为重，登极之后依然如故，举行经筵，继续不间断地学习。该图绘写雍正帝端坐于锦垫之上，手捧书卷，默默沉思，仿佛在体味书中三昧。此类读书坐像构图最早见于康熙时期，之后成为一种固定的布局模式延续到晚清。

◀ 图8-13　雍正帝读书像

至于珍珠，清廷看得更为重要。尤其是产于东北地区的珍珠，晶莹圆润，被称为东珠或正珠。这些珍珠随葬地宫中，有朝冠、朝珠以及各类饰物上的佩珠，多得数都数不清。

慈禧陵出土的文物中，她的三件寿衣上就有近3000粒珍珠，其所盖陀罗经被上缀820粒珍珠。可惜这些珠都已被匪徒掠走。此外，塞棺用、铺棺用、各种饰物用珠多得很。

四是日常生活用品屡见不鲜。

清陵殉葬品中，有许多为日常生活用品，而且大部分为其生前使用过。这体现了一种质朴和务实精神。

如道光帝彤贵妃棺中就随葬有板表、各式朝珠、各式头饰、各式首饰佩饰（甲套、戒指、镯子、戒箍等）、手巾、烟袋、扇子、烟壶以及各式生前穿过衣物。有的甚至把生前用的漱口盂、餐具等也一并葬入。在乾隆裕陵地宫出土文物中，就有各式金头花、各式簪子、烟壶、戒指等。

五是宗教信仰随处可见。

作为一个少数民族，满族贵族笃信佛教。在丧葬上表现得尤为突出。比如裕陵地宫中，许多佛教物品，像“五方佛”、“八大菩萨”、“二十四佛”、

▲ 图8-14　裕陵地宫

“五欲供”、“三世佛”，以及三万多字的佛学经文，遍布地宫各处，被称为地下佛堂。

在随葬品上，慈禧有一件绣满“佛”字的寿衣和一件绣有“佛”字的龙袍，其盖身之陀罗经被上更是以经文为主要内容。

在清宫档案中，也发现了与宗教有关的随葬品记录。道光彤贵妃棺中有“菩提念珠一盘（随珊瑚佛头塔）、经二本”；咸丰帝婉贵妃随葬品中有“护身佛一尊”，等等。

总之，清宫殉葬品所反映出来的历史文化是多层面的，它不仅能够折射出墓主所处时代的文化特色、经济实力、科技水平；同时，还能够看出墓主人生前的喜好与性情，更是研究等级社会中这些历史人物荣辱兴衰的宝贵文字或实物资料。

殉葬品将大棺塞得满满的，甄嬛们似乎可以瞑目了。接着，便要用钉子将棺盖钉死，封住内棺了。然后，再将巨大的外棺套住。那些活在世上的后宫主位们便只有通过种种礼仪来表达对逝者的思念了。

甄嬛们的生命走到了尽头，玉体被安葬在豪华的大棺材之中，周围布满了奇珍异宝。这个备受世人瞩目的大棺材就要启动了，它要离开宫殿，到另外一个地方去，究竟会是哪里呢？

慈禧陵地宫遗物。该寿衣为黄绸地彩绣云蝠平金“佛”字龙袍。其前胸、后背、掩襟，共有九条大金龙，还彩绣有“十二章”等纹饰，最为特殊的是，加绣了几十个“佛”字，并在群龙和大小“佛”字上，钉满了大大小小的珍珠。

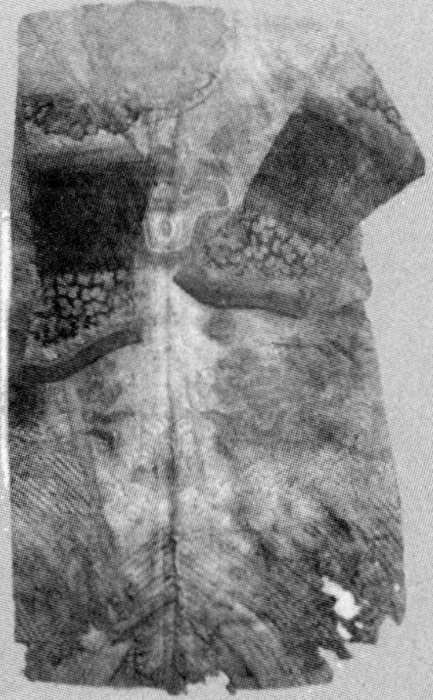

▲ 图8-15　慈禧寿衣

Chapter 9

第九章

# 事死如事生的殡葬

封建时代宗法制度极严，礼制等级不可逾越。清帝陵地宫中，葬位的基本规律是，帝棺居中，皇后按左为贵的原则，以时间先后分葬左右；皇贵妃则按死亡先后从葬两旁。当然，由于皇族内部钩心斗角，宫闱秘闻极多，在葬法位置中，也可能出现颠倒，甚至随心所欲的现象。

梓宫出殡前，要做好充分的准备，首先要准备好32人小舆及80人大舆、128人大升舆。然后要选用抬棺的夫役，从京畿选用。由皇帝、太后到皇后，俱选用7920人为抬棺夫役。这些年轻的夫役一旦被选中，要发给衣、鞋、帽，并给以银两。

出殡时，由于恭送人员众多，身份又不同，要修有不同的道路。梓宫所走路线为一条，人员众多，路宽而平坦。皇帝走另一条路，称御路，凡御路所经，要提前平整道路，黄土铺垫，以备应用。在梓宫启行后，皇帝从御路提前到芦殿等候，一旦灵驾到来，要跪迎；皇太后、皇后等女眷，要在灵驾起行后，瞻望，俟灵驾走远，随后而行。

# 第九章　事死如事生的殡葬

今天，我给大家讲解甄嬛们棺材的出殡。

甄嬛们的棺材在大葬之前，要经过几个过程，小出殡和大出殡。小出殡是从宫中移到殡宫，大出殡是由殡宫到陵寝。出殡的日期由钦天监测算，选择黄道吉日。因为棺具不可能总停留在宫中。在宫中停棺时间最少为3天。在这里，我讲几个问题。

一是小出殡，由宫殿到殡宫。

在这里，我先讲讲清朝皇帝的小出殡。清朝皇帝的棺椁一般都要在乾清宫停灵。大行皇帝停灵于乾清宫的时间长短不一，这要根据具体情况而定：世祖25天、圣祖20天、世宗18天、高宗20天、仁宗18天、宣宗18天、文宗11天、穆宗17天、德宗11天。

▲ 图9-1　雍和宫

皇帝的殡宫在康熙前后，略有变化。入关后，世祖和圣祖的殡宫设在景山寿皇殿，世宗登极后，将寿皇殿变成供奉圣祖圣容之所，不便再存放后世帝王之棺，因而自高宗迄德宗，除宣宗外，均将梓宫供奉于景山观德殿。世宗因其为皇子时居住在雍和宫，因而，死后将梓宫供于雍和宫之永佑殿，宣宗的殡宫则在圆明园之正大光明殿。

当大行皇帝梓宫由乾清宫移往殡宫时，嗣

皇帝要恭送，但各朝情况不一。圣祖送世祖时，由于孝庄文皇后的关照，圣祖只出东华门，便由另道乘轿前往寿皇殿等候。世宗送圣祖时，世宗步送到景山寿皇殿，这一步送制度，为以后历代帝王所效法。高宗送世宗时，扶棺步行至雍和宫，为清帝送灵最远者。仁宗送高宗、宣宗送仁宗，均步行到观德殿。文宗送宣宗时，殡宫设在圆明园，路途较远，文宗素有腿疾，文宗便步送到地安门外，乘舆由另道前往圆明园大宫门外跪迎。穆宗送文宗时，小皇帝只有6岁，自然效法康熙，扶棺步送出东华门，由另道乘舆预往殡宫等候。

▲ 图9–2 皇帝服饰

梓宫抵达殡宫后，要停放于正殿。世祖之前，遵从满族火化习俗，将巨大的梓宫举火烧掉。太祖时，由于典制未备，加之太祖留有遗嘱，要求丧事从简，梓宫很快就火化掉了。太宗在顺治元年八月初九日，于昭陵火化，这一时间距其崩逝正满一年，符合天子奇年而化的规定。世祖的梓宫是在百日后大祭礼这天火化的，世祖火化后，其宝宫照旧供奉于观德殿中。

梓宫在殡宫期间，嗣帝要按规定及时而准确地前往行礼。陈设纷繁，仪式复杂，前后计有：初祭礼、绎祭礼、初满月礼、大祭礼、清明礼、殷奠礼、百日礼、岁暮礼……最重要的是上册谥、册宝礼，这一礼节先在皇宫中举行，皇帝亲自阅视，行礼，然后，将其奉安于黄亭内，抬往殡宫，按左册右宝的位置供奉于观德殿内，届时，其绢册、绢宝要焚化掉。

列后和皇帝一样，她们在宫内停留几天后，就要小出殡到殡宫。她们的殡宫地点并不一样，所以，抬棺人数会多少不等。孝庄、孝惠、孝懿在朝阳门外殡宫；孝康在坝上殡宫；孝诚则初在西华门外殡宫，后又移至都城北沙河巩华城；孝昭初在武英殿，后也移到都城北沙河巩华城；孝恭在寿皇殿；孝敬在田村殡宫；孝圣在圆明园的九经三事殿；孝贤、孝和、孝德则均在景山观德殿；孝静在绮春园迎晖殿；孝哲在永思

▲ 图9-3　皇后服饰

殿殡宫。

梓宫在移送的过程中颇费人力。有卤簿前导，卤簿可以说是梓宫出殡时的庞大仪仗队，由于内容众多，在此不必赘述。卤簿之后为丹旐，异旐、举幡的人分为6班，每班32人，由部院官、内务府官各4人，共8人管辖。旐、幡之后为梓宫，梓宫的抬运是关键，首先要讲究排场，但又受条件的限制。如果用人太多，出门过桥则摆布不开，因而要预设大舆和小舆，在京城之内，大舆80人，小舆32人。由宫内到殡宫一般为6班，每班80人，这些抬棺之人，首班末班用銮仪卫校尉，以示庄重齐整；其他班次之人，要由五城之内选用的健壮青年民夫组成，发给衣服鞋帽，令其洗澡，身穿红绣团花衣服，头戴插黄翎毡帽，称为逊衣或驾衣。梓宫所过门或桥，都要祭酒，焚香钱。在殡宫大门外，还要预设鹰和狗，这可能与满族早期习俗有关，带有满族特色。

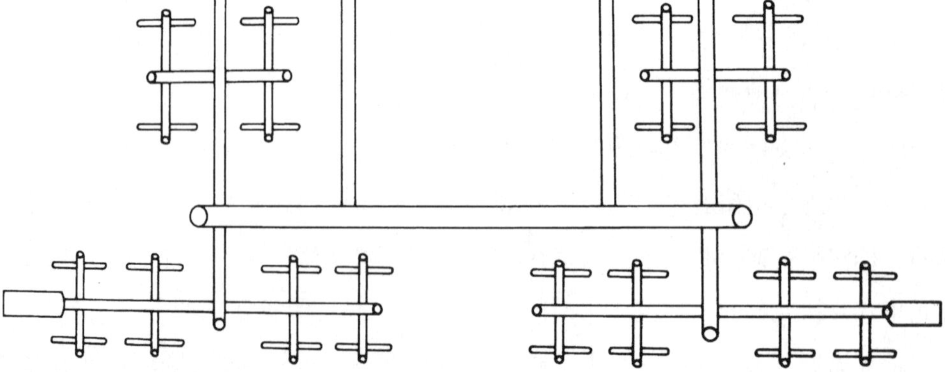

▲ 图9-4　八十人大杠示意图

▲ 图9-5　定陵

二是大出殡，由殡宫到陵寝。

我还是先讲讲皇帝的大出殡。清帝的棺椁停留在殡宫，时间长短不一。世祖2年2个月，圣祖近4个月，世宗1个月，高宗6个多月，仁宗6个月，宣宗10个半月，文宗1年，穆宗10个半月，德宗4个半月。可以这样说，梓宫在殡宫停放时间越长，嗣帝去行礼上香的机会就越多，尽孝的次数也就越多。可是，梓宫不能无限期地停留在殡宫，当陵寝工程完毕之后，钦天监就要择日选时，清廷就要安排出殡日期了。

数百里的送殡路程，恭送人员是十分辛苦的。所以，世祖出殡时，王大臣引用古礼，阻止玄烨亲送宝宫，当时的孝庄文皇后也极力阻止，玄烨未能亲送宝宫至陵。自世宗开始，清帝打破了这一制度，均能亲送梓宫至陵。可是同治年间，咸丰帝出殡时，两宫太后接受了王大臣的奏请，以同治帝年幼为由，引用古礼，停止了同治帝亲送梓宫到东陵隆福寺，两宫太后及同治帝均在东直门外向咸丰梓宫辞行。然而，光绪年间，穆宗帝后梓宫出殡，两宫太后却未接受王大臣的请

▲ 图9-6　泰陵隆恩殿内景

求，年幼的光绪帝被迫亲送，备受劳顿之苦。

关于卤簿，出殡时备有两种。一为法驾卤簿，一为骑驾卤簿。法驾卤簿使用于禁城内停棺之所，以及殡宫、芦殿、暂安处、陵寝大红门内、陵寝隆恩殿前，也就是灵驾停驻时，要设法驾卤簿。骑驾卤簿设于送殡队伍的前方，有起自京城内的，也有设在第一站芦殿后的，总之，是灵驾在行走过程中的卤簿。法驾卤簿在用后要交归陵寝大臣妥为保管，遇有大事时，在陵寝内使用。骑驾卤簿在灵驾到后第2日的享奠礼后，随同楮钱与冠服一同焚化。

灵驾到东西陵，其梓宫并不马上就入葬地宫，要暂时安奉。世祖宝宫安奉于陵寝内芦殿之中；圣祖、世宗、高宗、仁宗、宣宗安奉于陵寝隆恩殿正中；文宗、穆宗安奉于隆福寺殡殿正中。安奉时间长短不一，多者数年，少者仅几天，如高宗10天，仁宗7天，而穆宗梓宫则多达近5年的时间。

皇后棺椁停留在殡宫，时间长短也不一。与皇帝一样，当陵寝工程完毕之后，钦天监就要择日选时，恭请朝廷安排出殡日期。

梓宫出殡前，要做好充分的准备，首先要准备好32人小舆及80人大舆、128人大升舆。然后要选用抬棺的夫役，从京畿选用。由皇帝、太后到皇后，俱选用7920人为抬棺夫役。这些年轻的夫役一旦被选中，要发给衣、鞋、帽，并给以银两。

出殡时，由于恭送人员众多，身份又不同，要修有不同的道路。梓宫所走路线为一条，人员众多，路宽而平坦。皇帝走另一条路，称御路，凡御路所经，要提前平整道路，黄土铺垫，以备应用。在梓宫启行后，皇帝从御路提前到芦殿等候，一旦灵驾到来，要跪迎；皇太后、皇后等女眷，要在灵驾起行后瞻望，俟灵驾走远，随后而行。

从京师到东西陵，一般分作5程，每程1个芦殿，日暮以后，停棺其中，凡遇雨也停驻在此，或临时扎搭罩棚。芦殿，称黄布城、黄幔城、黄网城等。灵驾到时，陈卤簿于门前，皇帝率王公大臣，跪于北门外，灵驾由北门进，奉灵驾于殿内正中，陈册宝于左右案上，行夕奠礼，早晨行朝奠礼后，皇帝跪送灵驾从芦殿南门启行。

▲ 图9–7　景陵隆恩殿

灵驾所过地方，百里内文武大臣预先跪迎于路右百步外，候灵驾过，随至宿次，在黄幔城外行三跪九叩大礼，夕奠礼时，文官在正蓝旗末，武官在镶蓝旗末。灵驾过门桥时，要派内大臣2人轮流祭酒，焚楮钱。

灵驾到东西陵，其梓宫和皇帝棺椁一样，要暂时安奉，再入葬地宫。

三是大葬，梓宫葬入地宫。

大葬是清帝后丧礼中最为关键的，也是最隆重的礼仪，称为永安大典。届时，皇帝、后妃、王公百官要云集陵寝，按序排立。奉安前1天，皇帝要率群臣行迁奠礼，然后，梓宫登小舆，皇帝亲引梓宫由殿之中阶降，循殿东行，接着，梓宫走陵寝中门，皇帝扶棺上方城前平台上，奉安梓宫于芦殿正中的龙輴上，设册宝于左右案上。第2日，梓宫安奉地宫，由皇帝亲自扶棺下去，前面有10名太监执灯引导，钦点之王大臣随同梓宫进入，敬视永安于石床之上，然后撤出龙輴车。

如果皇后是陪葬在帝陵里面，皇帝尚未去世，那么石门就不可掩闭，要等到皇帝葬入后，才可由内而外逐道掩闭石门。否则，就会铸成大错。嘉庆八年，孝淑皇后准备葬入昌陵地宫，拟仪注时，办事大臣有“掩闭石门，大葬礼成”（《钦定大清会典事例》）这样的糊涂话。嘉庆帝看后十分震怒，当即下旨严斥：“试思石门岂可闭？既闭不可复开。此吉地乃皇考赐朕之地，非赐皇后之地，若关闭石门，欲朕另卜吉地乎？”结果处置了一批承办丧事大臣。

四是地宫中棺具摆放的位置。

棺具摆放是关键中的关键，虽然地宫关闭之后，不会为外人所知，但是在当时，棺具摆放却是一个至关重要的大事情，一定要遵循礼制进行。在这里，我重点讲几个问题：

第一，帝陵地宫中的后妃陪葬。

皇帝至高无上的地位，决定了他们生前或死后都要有人陪伴。清代康熙朝以前的帝陵，基本上沿袭了明代人殉的陋俗，殉葬者或后宫主位，或奴仆婢女。但他们殉主后，所葬方位要根据生前地位而定，只有极少数地位尊崇的后妃，才可

▲ 图9-8　昌陵小碑楼

能与皇帝合葬。

可是，清代十一帝的陵寝，除太祖努尔哈赤的福陵中，有大妃殉后合葬外，其余十帝均无后妃殉后合葬的实例。绝大多数的后妃都是寿终正寝，由皇帝或嗣皇帝钦定其是否与皇帝合葬。那么，清代十一位皇帝的陵寝中，有二十四位后妃合葬，人数最多的地宫达六人。这么多棺椁同于一穴，如何摆放？以下拟据一些史料和开放实例，粗略地加以探索。

▲图9-9　香妃像

清帝陵祔葬后妃的做法，是其地宫多位棺的来源。

根据清陵现有的地宫开放实例看，其地宫内宝床有大小之别。乾隆裕陵地宫宝床平面呈倒凹字形，正面棺床面阔12.48米，与金券面阔一样；垂手床面阔3.71米。光绪崇陵地宫面阔12.25米，较裕陵稍小。慈禧陵地宫金券面阔为11.45米，而棺床面阔只有2.285米。乾隆帝裕妃园寝内，纯惠皇贵妃地宫金券面阔与宝床面阔同为6.44米，容妃地宫金券面阔与宝床面阔同为4.48米。

又据王其亨著《清代陵寝地宫研究》中，样式雷图纸分析，昌陵地宫宝床平面基本同裕陵宝床，道光慕陵宝床较其他帝陵为小，没有垂手床，正面宝床面阔与金券面阔同。在后陵中，嘉庆昌西陵地宫与道光慕东陵中孝静成皇后地宫中宝床面阔远远小于金券面阔，这在后来开放的慈禧地宫中，已得到验证。

由此，我们可以得出这样的结论，帝陵地宫内宝床宽大，且有垂手床，这就为帝陵地宫祔葬后妃提供了前提。后陵以下，自嘉庆朝开始，其宝床面阔大大收小，而在乾隆朝之前，即使是妃型地宫，宝床也十分宽大。

自努尔哈赤到光绪载湉的陵寝地宫中，合葬后妃情况如下：努尔哈赤福陵：孝慈高皇后、大妃；皇太极昭陵：孝端文皇后；福临孝陵：孝康章皇后、孝献皇后；玄烨景陵：孝诚仁皇后、孝昭仁皇后、孝懿仁皇后、孝恭仁皇后、敬敏皇贵妃；胤禛泰陵：孝敬宪皇后、敦肃皇贵妃；弘历裕陵：孝贤皇后、孝仪皇后，慧贤、哲悯、淑嘉三位皇

▲ 图9-10　陵寝石五供

贵妃；颙琰昌陵：孝淑睿皇后；旻宁慕陵：孝穆成皇后、孝慎成皇后、孝全成皇后；奕詝定陵：孝德显皇后；载淳惠陵：孝哲毅皇后；载湉崇陵：孝定景皇后。

第二，清陵葬法中，关于方位的几个标准。封建时代的方位尊卑，几经变化。到了清代，形成了以下标准：

1. 居中为大，左为贵。

早在先秦时代，我国即形成了鲜明的宗法制度，在宗族的家庙排序中，即始祖居中，以下父子递为昭穆于左右两侧，按序排列。《周礼》中，有“先王之葬居中，以昭穆为左右”的记载。

清代的陵寝，就清东陵而言，充分体现了昭穆葬法。落成于康熙三年的孝陵，以其墓主为入关第一帝，位尊而显赫，占据清东陵中心位置，他的儿孙分左右次序排列。按这一法则，顺治帝生母孝庄文皇后，辈分虽最高，但由于其子顺

▲ 图9-11　清东陵陵寝分布图

治帝已占据陵区中心位置，孝庄的陵址便无法安置，所以，只好在风水墙外，单独建陵，自成体系。

就陵寝的建筑而言，也充分体现了这一法则：神功圣德碑楼中，满汉两体文字，左满文右汉文；小碑楼中的满蒙汉三种文字，满文居中，左蒙文，右汉文，反映出清代统治的民族种类中，尊卑有别的等级次序。就陵寝宫门而言，中门为神门，走棺椁或墓主人，两边则左为君门，右为臣门，方位卑尊，判然可知。

2. 预留分位与卑不动尊。

皇帝后妃众多，帝陵地宫内宝床格外宽大，且有垂手床，将一些地位高的、死于皇帝之前的、较受宠爱的后妃与皇帝合葬。所以，在地宫宝床之上，要预留

▲ 图9–12　泰陵

一些位置，以备使用。可是，大多数后妃死于皇帝之后。按惯例，皇帝死后，一般不超过三月，最迟不过四个月，即入葬地宫，一旦葬入地宫，即关闭石门，永不开启。那么，遗下的皇太后将葬于何处呢？只好根据卑不动尊的原则，在帝陵左近另卜茔城了。雍正帝死后，于乾隆二年三月奉安泰陵地宫，当时，办理丧务王大臣上奏："世宗宪皇帝梓宫奉安泰陵地宫……其随入地宫之分位，并万年后应留之分位，相应请旨。"这里共有两层含义，一是入葬地宫，后妃的位置如何；二是是否为皇太后留有棺位，以备将来使用。孝圣宪皇后立即下了一道懿旨："世宗皇帝梓宫奉安地宫以后，以永远肃静为是，若将来复行开动，揆以尊卑之义，于心实有未安。况我朝昭西陵、孝东陵成宪可遵，泰陵地宫不必预留分位。"这样，孝圣以卑不动尊为由，在泰陵左侧，另建泰东陵。

3. 棺位可动。

按照中国传统的做法，人死之后，就要葬入地下，即入土为安。一旦葬成，应永不起动。可是，清代皇族的墓地，却经常发生葬后复行起动棺木的现

▲ 图9-13 景陵妃园寝

象。如孝东陵修建以前，顺治的一些妃嫔死后，葬在了风水墙西门外，黄花山脚下，有贞妃、恪妃、悼妃等，直到康熙五十七年，才移葬孝东陵；康熙帝敬敏皇贵妃，死于康熙三十八年七月十五日，当时封为敏妃，据考证，她死后葬于景妃园寝内。雍正帝继位后，由于他实行了严酷的政策，众叛亲离，只有敏妃所生怡亲王允祥忠心耿耿，雍正帝为报答他，将允祥生母敏妃追尊为敬敏皇贵妃，将其棺木由妃园寝起出，堂而皇之地祔葬景陵地宫，经考证，这就是景妃园寝内空券的来历。

第三，地宫中棺椁的摆放位置。从制度上看，清陵地宫中棺椁的位置不断有所变化，但总体上遵循以中为尊的原则，下面逐一分析。

1. 康熙景陵地宫棺位的摆放推测。

康熙帝景陵地宫中，葬有五位后妃，分别是孝诚仁皇后赫舍里氏，因康熙十三年五月初三日生皇二子理密亲王允礽难产而死，康熙二十年三月初八日葬景陵；孝昭仁皇后钮祜禄氏，康熙十七年二月二十六日崩于坤宁宫，康熙二十年葬入景陵；孝懿仁皇后佟佳氏，康熙二十八年七月初十死去，同年十月二十日葬景陵；孝恭仁皇后乌雅氏，死于雍正元年五月二十三日，九月初一与圣祖同日入葬景陵；敬敏皇贵妃章佳氏，于雍正元年六月二十五日，追封为皇考敬敏皇贵妃，祔葬景陵地宫。

这么多人同葬一座宝床之上，应怎样摆布？《陵寝事宜易知》中记载：“孝诚仁皇后合葬左，孝昭仁皇后次左，孝懿仁皇后在右，孝恭仁皇后祔葬次右，敬敏皇贵妃从葬旁。”这一记法，明显违背了昭穆次序。而且，孝昭仁皇后先于孝懿仁皇后封后，而她的葬位居于孝诚仁皇后次左，则明显低于孝懿皇后的葬位，可见，此种记法有误。

再考大殿神牌位次，则圣祖居中，孝诚居左，孝昭居右，孝懿次左，孝恭次右，敬敏皇贵妃在西暖阁内。进一步验证了上述所记地宫宝床棺位次序的错误。

由此，推断景陵地宫宝床棺位：圣祖居中，孝诚居左，孝昭居右，孝懿次左，孝恭次右，敬敏皇贵妃在左侧垂手宝床上。

▲ 图9-14　景陵

▲图9-15　孝贤皇后像

▲ 图9-16　孝仪皇后像

2. 裕陵地宫棺位质疑。

乾隆裕陵地宫内共葬有五位后妃，关于这五位后妃的棺位，档案阙载，或语焉不详。1928年7月，军阀孙殿英盗掘裕陵，劈棺扬尸，加之地宫内积水将棺木浮起，到1928年8月中旬以后，逊帝溥仪派遗臣来东陵重葬时，已无法确定后妃的具体棺位。因而，有这样的记载："裕陵帝后妃奉安位次，高宗居中，孝贤后居左，孝仪后居右，其石床西面，则首淑嘉，次慧贤，次哲悯皇贵妃。"另记："裕陵地宫内，高宗左为孝贤纯皇后富察氏，右为孝仪纯皇后魏佳氏，其西从葬者，守护员司说首为淑嘉皇贵妃金佳氏，次为慧贤皇贵妃高佳氏，次为哲悯皇贵妃富察氏。或慧贤居首，哲悯次之，淑嘉又次之。"

同去视察地宫的郝省吾则认为，地宫内正面三棺，中为高宗，左为孝贤，右为孝仪，其余的按慧贤、哲悯、淑嘉次序陈于两侧。

这几种说法孰是孰非？一时难以确定。按居中为大的原则，乾隆帝棺居棺床正中金井之上，按左为贵说法，乾隆元后孝贤应葬于高宗之左，两个位置已定，高宗右边应是谁呢？

孝贤皇后死于乾隆十三年，过了一年，乾隆帝晋娴贵妃为皇贵妃，摄六宫事，到乾隆十五年八月，正式册为皇后，即乌喇那拉皇后。乾隆十七年，孝贤皇后葬入地宫后，居高宗左，那么，高宗之右应是乌喇那拉皇后的预留分位。可是，乾隆三十年，乌喇那拉后失宠，死于乾隆三十一年，高宗诏以皇贵妃礼，降格葬入纯惠皇贵妃地宫棺床左侧。在以后的几十年中，高宗一直未封后，这个位置便不知何属了。

直到乾隆三十八年，乾隆遵照秘建储位家法，亲书皇十五子颙琰之名，秘定皇储，这样，在高宗死后，颙琰继位，他的母亲皇贵妃魏佳氏，晋封为皇太后，所以，高宗之左的棺位，应为之预留。魏佳氏死于乾隆四十年，自然应葬于高宗之右。

地宫内其他三位女子，除慧贤外，生前都不是皇贵妃，均为死后追封，这就要根据具体情况，确定其棺位。哲悯死得最早，高宗在藩邸时，于雍正十三年死去，乾隆十年追封为皇贵妃；慧贤死于乾隆十年，其死前三天，即乾隆十年正月二十三日，晋封为皇贵妃。乾隆十七年十月二十七日，孝贤、慧贤、哲悯三位同日葬入地宫，慧贤与哲悯虽同为皇贵妃，但慧贤生前封号显赫，自然应高于哲悯，故此，其棺位应于孝贤之左，哲悯应于孝仪之右。至于死在乾隆二十年的淑嘉皇贵妃，葬入地宫稍晚，自然在垂手床上。

所以，裕陵地宫宝床上棺位如下：居中为高宗，左为孝贤，右为孝仪，孝贤左为慧贤，孝仪右为哲悯，西侧垂手床上为淑嘉皇贵妃。

3. 推断其他帝陵中棺位摆放办法。

顺治帝孝陵为东陵第一陵，还保留着关外火葬习俗，其地宫内为三坛骨灰。康熙二年六月初六日，康熙帝为其父行宝位安葬地宫礼，“世祖章皇帝宝位奉至地宫，安设宝床上正中，奉孝康章皇后宝位安设于左，奉孝献皇后宝位安设于右毕，掩闭元宫石门”。

▲ 图9–17　淑嘉皇贵妃像

雍正帝泰陵为西陵第一陵，内葬有三人，雍正帝、孝敬宪皇后、敦肃皇贵妃。乾隆三年二月初三日，世宗、孝敬皇后梓宫先后由龙輴车载入地宫之中，世宗居中，孝敬居左。按雍正帝谕旨，敦肃皇贵

▲ 图9-18　泰陵神路桥

妃丧仪以皇贵妃例行，所以，皇贵妃金棺也葬入地宫。按封建宗法制度，皇贵妃虽比皇后仅差一级，但皇后为六宫之主，一人之下，万人之上，皇贵妃则不可与之同日而语。所以，推断敦肃皇贵妃棺位有两种可能，一是在世宗之右，一是在左侧垂手床上。

嘉庆帝昌陵地宫内葬有两人，嘉庆帝居中，孝淑睿皇后居左侧。

道光慕陵地宫内葬一帝三后，宣宗居中，三位皇后按时间先后，孝穆成皇后居左，孝慎成皇后居右，孝全成皇后居孝穆成皇后之左。

咸丰帝定陵地宫葬二人，文宗居中，孝德显皇后居左。

同治帝惠陵地宫葬二人，穆宗居中，孝哲毅皇后居左侧。

光绪帝崇陵地宫葬二人，德宗居中，孝定景皇后居左侧。

总之，封建时代宗法制度极严，礼制等级不可逾越。清帝陵地宫中，葬位的基本规律是，帝棺居中，皇后按左为贵的原则，以时间先后分葬左右；皇贵妃则按死亡先后从葬两旁。当然，由于皇族内部钩心斗角，宫闱秘闻极多，在葬法位置中，也可能出现颠倒，甚至随心所欲的现象，本文对此不作探讨。

可是，那些或许是死在皇帝之后，或许是级别较低下，或许是皇帝根本就不太喜欢的后妃，就没有与皇帝葬入同一地宫之中的荣幸了。所以，死在皇帝之后的太后们则要单建陵寝。

清代共建有七座皇后陵，分别为：孝庄文皇后的昭西陵、孝惠章皇后的孝东陵、孝圣宪皇后的泰东陵、孝和睿皇后的昌西陵、孝静成皇后的慕东陵、慈安皇太后和慈禧皇太后的两座定东陵。这些陵墓均在丈夫帝陵的旁边，成依偎之状，拱卫在帝陵的东边或西边。

最低档次的是妃园寝。入关以后形成了两大区域，即东陵和西陵。其中共有八座妃园寝，即：景陵妃园寝、景双妃园寝、泰妃园寝、裕妃园寝、昌妃园寝、定妃园寝、惠妃园寝和崇妃园寝。

就雍正帝的这些甄嬛们来讲，她们中的绝大多数，没有机会和雍正帝合葬同一地宫之中，而是要另外建筑陵寝，究竟要葬到哪里去呢？

▲ 图9-19　定东陵雪景

Chapter 10

第十章

# 甄嬛们的终站

孝圣宪皇后就是雍正帝的二号甄嬛熹贵妃。这里我们产生一个疑问，熹贵妃作为当朝太后，有没有资格单建陵寝呢？雍正帝一生有明确记载的后妃近25位。然而，有明确葬位的后妃是24位，其中有21位妃嫔葬于泰妃园寝之中。泰妃园寝是什么样子的呢？

雍正帝崩于雍正十三年八月二十三日。乾隆二年三月，奉安泰陵地宫后，办理丧事的恒亲王弘晊、内大臣海望即上疏乾隆帝："世宗宪皇帝梓宫奉安泰陵地宫，请照景陵之例，安设龙山石，其随入地宫之分位，并万年后应留之分位，相应请旨。"折中提到"应留之分位"，指的是是否为尚健在的，乾隆帝生母崇庆皇太后留一空位，也就是地宫之门先不关闭，以待将来再用。孝顺的乾隆帝自己并不敢做主，他忙请旨于母亲崇庆皇太后（也就是熹贵妃），太后随即下了一道懿旨："世宗宪皇帝梓宫奉安地宫之后，以永远肃静为是。若将来复行开动，揆以尊卑之义，于心实有未安。况我朝昭西陵、孝东陵成宪可遵，泰陵地宫，不必预留分位。"

# 第十章　甄嬛们的终站

在这一章，我讲两个问题：

一是孝圣宪皇后的泰东陵。

孝圣宪皇后就是雍正帝的二号甄嬛——熹贵妃。这里我们产生一个疑问，熹贵妃作为当朝太后，有没有资格单建陵寝呢？

▲ 图10-1　后妃服饰

雍正帝崩于雍正十三年八月二十三日，乾隆二年三月，奉安泰陵地宫后，办理丧事的恒亲王弘晊、内大臣海望即上疏乾隆帝："世宗宪皇帝梓宫奉安泰陵地宫，请照景陵之例，安设龙山石，其随入地宫之分位，并万年后应留之分位，相应请旨。"折中提到"应留之分位"，指的是，是否为尚健在的乾隆帝生母崇庆皇太后留一空位，也就是地宫之门先不关闭，以待将来再用。

孝顺的乾隆帝自己并不敢做主，他忙请旨于母亲崇庆皇太后（也就是熹贵妃），太后随即下了一道懿旨："世宗宪皇帝梓宫奉安地宫之后，以永远肃静为是。若将来复行开动，揆以尊卑之义，于心实有未安。况我朝昭西陵、孝东陵成宪可遵，泰陵地宫，不必预留分位。"这段懿旨，太后讲得冠冕堂皇。同时，又为自己单独建陵找到了借口。确实，在这之前，已经产生了两座皇后陵：孝庄文皇后的昭西陵和孝惠章皇后的孝东陵。这里重点说说昭西陵，因为它具有典范的作用。

昭西陵的墓主人孝庄文皇后，早在康熙二十六年（1687年）十二月二十五日病逝。按中国传统旧俗，孝庄应与孝端一样，将其遗体运回盛京，与皇太极合葬昭陵。可是，孝庄出于种种考虑，或碍于“太后下嫁”的事实，或怵于遗体火化的习俗影响，找了个冠冕堂皇的理由，不与太宗合葬，而欲卜葬东陵。文献中留下了这样记载：“太宗文皇帝梓宫安奉已久，不可为我轻动。况我心恋汝皇父及汝，不忍远去。务于孝陵近地择吉安厝，则我心无憾矣。”（《清圣祖实录》）理由虽过于牵强，但备极孝顺的玄烨毕竟遵从了这一嘱托，祇承遗命，决定在孝陵大红门东侧，风水围墙外择吉修建了暂安奉殿。暂安奉殿的建筑，是紫禁城内慈宁宫东新建五间殿宇拆建而来，未设地宫、宝城等，殿南建东、西配殿，四周匝以红墙，南面居中设置宫门。由于不建地宫、方城，孝庄梓宫一如当年昭陵一样，其巨大梓宫一直停放于暂安奉殿，这一状况持续达37年之久。所以，终康熙一朝，玄烨一直未能将暂安奉殿改建为陵。雍正帝即位后，敢于任事，他一继位，便认为解决孝庄葬地的时机已经成熟了。

▲ 图10–2　孝庄皇后像

首先，敏感期已经过去，时机已经成熟。孝庄自康熙二十七年葬入暂安奉殿，到雍正二年，已历37年之久。经历了这么长时间，人们对于孝庄病逝之初的种种猜忌，诸如太后下嫁等，早已淡化。而且，经历了四朝之后，再将已葬入昌瑞山37年之久的孝庄梓宫移入东北，已经是不可能的事了。因而，此时提出解决孝庄陵寝问题，时机已经成熟，不会引起争论。其次，称谓上的不便利，必须尽快解决。孝庄葬入之初，称谓混乱，有梓宫奉安处、梓宫奉安殿、暂行永设地方、暂行永设宫、暂行永设殿、昌瑞山寝园、暂安奉殿等。这种称谓混乱不堪，感觉非常不好，又存在诸多矛盾和弊端，后人对此也会产生种种猜测。因而，尽早解决孝庄葬地问题，将“暂安”二字改为永安，已是迫在眉睫的事情了。最后，臣子的上折起到了催化剂的作用。《礼经》说：“葬者，藏也，欲其弗可见也；然则厚终大事，必以入土为安。”说明暂安奉殿终究不是长远之计，中国

▲ 图10-3 昭西陵俯瞰

人讲究入土为安。所以，雍正元年八月，都察院左都御史陈允恭率先上奏皇帝："孝庄自宾天迄今，已历三纪，而梓宫尚供祀于暂安奉殿，未经大葬。"（《雍正朝汉文朱批奏折汇编》）阐述了孝庄葬地应尽快解决，使孝庄文皇后早日入土为安。至此，孝庄葬地已被提到议事日程上来。

但是，为孝庄文皇后建陵，对于雍正帝来说，处于两难的境地。建陵的事情虽然已经决定，但是最终要建在哪里，要以什么规制建陵，这些还都是未知数。尤其是当时的雍正帝处境艰难：一是身体状况力不从心。父皇康熙帝刚刚去世，不到半年，就在大丧期间，亲生母亲孝恭仁皇后也去世了，父母双亡，雍正帝热丧在身，已经是力不从心。一是经济上力不从心。大家可能会说，康乾盛世，国家有钱啊。其实不然，康熙末年吏治腐败，财政亏空已十分严重，雍正元年至三年，各地题奏历年钱粮亏空案达100余起，累计亏空钱粮2300多万两之巨。世宗无力也不想耗巨资再为孝庄另建陵寝。

再说，雍正帝和孝庄文皇后在辈分上隔了三代，感情上已经很淡了。所以，

▲ 图10–4　昭西陵陵寝门

陵寝建成后，孝庄文皇后的棺材奉安地宫，举行奉安大典，这本来是朝廷最重要的事情，但是，雍正帝竟托故不往，他的理由是："皇曾祖妣孝庄文皇后安奉地宫，朕本欲亲往祭奠，但圣祖仁皇帝三周年祭期，去十二月初十日甚近。一月之内，两次往还，天气严寒，沿途官民迎候供役，未免劳苦……"（《清世宗实录》）结果，雍正帝只派遣了诚亲王允祉去昭西陵参加了永安大典，而他自己却没有来主持典礼。

可是，这件事终究要解决啊。雍正帝思虑再三，终于想了个好办法，那就是将暂安奉殿就地改建为陵寝，增加了宝城、方城、明楼、地宫及小碑楼，历时近10个月就完工了。要是从新选址，再绘图、设计、备料，没有5年的时间是建不成的，那样的话，得花好多钱。这样的话，既解决了多年来悬而未决的葬地问题，又节省了大量经费，真是一个两全其美的事情。雍正帝有一个担心，那就是暂安奉殿那里没有风水，同时，在风水围墙的外面，康熙帝一直都不敢建陵，人们难免会说三道四，总要找一个合适的理由啊。他经过深思熟虑，想出了一个谁也不

▲ 图10-5　昭西陵

敢说不的好办法，那就是利用“祥瑞”。

本来雍正帝就崇尚祥瑞，史书中多有记载。这次，雍正帝为了堵住众人的悠悠之口，利用“祥瑞”说了这样一段话：“孝庄文皇后安奉以来，我圣祖仁皇帝历数绵长，海宇乂安，子孙繁衍。想孝庄文皇后在天之灵极为安妥。”（《清世宗实录》）意思是暂安奉殿这个地方好得很，很有风水，所以，孝庄文皇后在天之灵，才保佑我父皇在位61年。因而，我们决定将暂安奉殿就地改建为陵寝。雍正帝的话虽然是无稽之谈，但是，谁敢说不呢?

雍正帝改建之后的昭西陵规制很特殊，不同于任何一座皇后陵：

1. 建筑了双重的围墙。一般皇帝和皇后陵寝的围墙都是一道，把陵寝最重要的建筑围在里面。而昭西陵的外围却出现了两道围墙，其原因就是由于昭西陵处在风水围墙之外，为了增加安全系数，建筑了双重围墙。尽管这样，陵寝也还是在1929年被土匪盗掘，当时，并没有及时发觉。过去了两年的时间后，溥仪才得到报告，发现孝庄已经烂成一堆朽骨，殉葬物品被劫掠一空。最终，溥仪还是派出了专门人员，给予了简单的殓葬。

2. 大殿为重檐庑殿顶。清代帝王陵寝的隆恩殿屋顶一律为重檐歇山顶，这其实属于第二个等级的顶子，最高级的是重檐庑殿顶。清代，只有孝庄文皇后的大殿屋顶为最高级的重檐庑殿顶，其主要原因是历史上形成的。当年康熙帝把紫禁城内慈宁宫附近的大殿原样拆迁至此，顶子就是重檐庑殿顶，并不是雍正帝特意改建的结果。

3. 赫然建筑了神道碑亭。目的是为孝庄树碑立传，这在当时其实是一个非同小可的事情。亭内有龙趺碑一统，也就是俗称的王八驮石碑。石碑的阳面用满蒙汉三体文字镌刻孝庄文皇后的谥号。这个事情非常敏感，因为它不仅仅是超越祖制的问题，更重要的是在我国古代，是不给女子树碑立传的。我们还是听听承办大臣是怎么说的："以昭西陵距昭陵甚远，与孝东陵密迩孝陵不同，应请特建碑亭"。（《钦定大清会典事例》）承办大臣的意思就是昭西陵远离昭陵，为了标明陵寝所属，才建筑的碑亭。这个我们理解，是一种特殊情况。可是，昭西陵的这种做法，后来被慈禧太后所效法，她也在神道上建筑了神道碑亭，公然为她的垂帘听政张目，这恐怕是雍正帝始料不及的事情。

在这之后，又产生了另外一座皇后陵，那就是孝惠章皇后的孝东陵，这里就

▲ 图10-6　昭西陵神道碑

▲ 图10-7 泰东陵明楼

▲ 图10-8 乾隆奉母南巡

不作具体介绍了。总之，有皇后陵成宪在先，乾隆帝为他的生母建造陵寝，就有章可循了。于是，乾隆帝下旨，仿昭西陵、孝东陵之例，在泰陵附近另卜兆域。终于在泰陵东北3华里处，营建了规模庞大的泰东陵。

泰东陵占地56亩，规模崇宏。其建筑一应俱全，由南向北依次为：三孔拱券桥1座，下马石碑东西各1座，东西朝房各1座，单檐硬山顶，东西值房各1座，单檐卷棚顶，隆恩门1座，单檐歇山顶，东西燎炉各1座，东西配殿各1座，单檐歇山顶，隆恩殿面阔5间，重檐歇山顶，陵寝门3座。其后为石五供、方城、明楼、宝城、宝顶和地宫。其明楼为重檐歇山顶，内竖一统朱砂碑，上书："孝圣宪皇后之陵"字样。陵前左为神厨库，内有神厨1座，省牲亭2座，神库2座。其陵用瓦除班房为灰布瓦外，其余各用黄色琉璃瓦。

按皇后陵规制，泰东陵地宫应为5券2门，5券分别为：隧道券、闪当券、罩门券、门洞券和金券。就在这5券2门之上，乾隆帝为充分表达其孝心，在上面分别雕刻了佛造像、经文和番字，为以后建造乾隆地宫雕刻各式佛教内容打下了基础。档案中未详细记载雕刻的是什么内容，在什么位置上雕刻，只记载共用银5579两。另外，泰东陵地宫的地面不用青白石铺墁，而是用金砖铺墁。

泰东陵的墓主人孝圣宪皇后（熹贵妃），钮祜禄氏，满洲镶黄旗人，四品典仪加封一等承恩公凌柱之女，乾隆帝生母。她13岁入雍和宫侍奉雍亲王，封格格。康熙五十年八月十三日生弘历，雍正元年二月封熹妃，不久晋封皇贵妃。雍正帝去世后，弘历继位，尊崇为崇庆皇太后。

弘历12岁那年，钮祜禄氏奉特旨携子陛见圣祖，圣祖见她相貌天颜喜悦，连夸她是个"有福之人"。果然，乾隆即位后，备极孝顺，不但在宫中天天问安，即使出巡各地也带母亲在身旁，随侍左右。孝圣多次随乾隆帝下江南、巡五台、幸盛京，游山玩水，享尽人间奢华。在称谓上，弘历曾9次为其母加上徽号，以示尊崇。

孝圣在宫中共度过73个寒暑，乾隆四十二年（1777年）正月二十三日，太后劳崩于长春仙馆，享年86岁。孝圣死后不足一个月，乾隆就下令臣工用黄金铸造了一尊金发塔，将太后生前梳落的头发藏于其中。金塔由下盘、塔斗、塔肚、塔

▲ 图10-9　泰东陵

伞、日月以及松石做成的璎珞组成。其塔纹样端庄，构图精美，工序繁复，耗资颇巨，共用去黄金3000多两。

太后崩逝后，于当年四月十四日，乾隆亲自护送梓宫至泰东陵，10天后葬入地宫之中。最后谥号全称为“孝圣慈宣康惠敦和诚徽仁穆敬天光圣宪皇后”。

二是泰陵妃园寝——那些甄嬛们的合葬墓。

雍正帝一生有明确记载的后妃近25位。然而，有明确葬位的后妃是24位，其中有21位妃嫔葬于泰妃园寝之中。

泰妃园寝在泰陵东北500米处的杨树沟。按清朝惯例，妃园寝与帝陵几乎是同时兴工，或晚一年半载，那么，泰妃园寝当建于雍正八年（1730年）以后。

泰妃园寝的建筑基本仿效景妃园寝规制，但又略有区别。如景妃园寝内宝顶排列虽基本为东西走势，但又不太规则，显得较为零乱；而泰妃园寝内规则地排列出了3排宝顶，第1排5座，第2排9座，第3排7座，秩序井然。再如宫门前东西班房收小为 2 间，东西厢房各为3间，不似景妃园寝那样各为3间、5间。

泰妃园寝内建筑由南向北，依次为：马槽沟上一孔拱券桥1座、东西厢房各3

▲ 图10–10　泰妃园寝

间，硬山布瓦顶、东西班房各2间，卷棚布瓦顶、宫门1座3间，单檐歇山绿色琉璃瓦顶、左侧燎炉1座、大殿1座5间，单檐歇山绿琉璃瓦、园寝门3座，中有门楼，后院内有3排21座宝顶。周围环以朱墙，绿琉璃护顶。

雍正帝后宫妃嫔，鲜有生育，或生后享年不永。史载，雍正帝有10个皇子，4个公主。其中只有4个皇子和1位公主长大成人，其余均夭折。

泰妃园寝中所葬21位妃嫔，均按封建秩序礼法排序。前排正中，为本园寝墓主人纯懿皇贵妃，左为齐妃，右为谦妃，次左为宁妃，次右为懋嫔。第2排中为贵人，两侧为答应，第3排中为常在，两侧为格格。

纯懿皇贵妃，耿氏，满洲镶黄旗，管领耿德金之女。生于康熙二十八年。初入侍亲王潜邸，康熙五十年，生皇子弘昼。雍正元年封为裕嫔。乾隆继位后，封为贵妃，乾隆四十三年晋封为皇贵妃。乾隆四十九年去世，享年96岁。

齐妃，李氏，汉族，知府李文烨之女。初为亲王侧福晋，康熙三十四年生皇二女，康熙三十六年生皇子弘昐，康熙三十九年生皇二子弘昀，康熙四十三年生皇三子弘时。雍正元年晋升为齐妃，乾隆二年四月病逝。

▲ 图10-11　泰陵妃园寝享殿

谦妃，刘氏，内管领刘满之女，康熙五十三年出生。雍正七年入宫，封号刘答应，八年晋刘贵人。雍正十一年生皇六子弘曕，并晋升为嫔。乾隆继位后，晋封为谦妃。乾隆三十二年去世，年54岁。

在这里，需要多说两句。关于弘曕，《甄嬛传》中，反复提到是甄嬛和果亲王允礼的孩子。其实，这个弘曕是雍正帝的第六子，序齿排行为第十子，是乾隆最小的弟弟。但是，他和果亲王确实产生了关系，雍正帝去世后，乾隆帝把他过继给了果亲王为子，因为果亲王福晋生的一对儿女先后去世，这样，果亲王就有了后继香火。

这个弘曕，小的时候，很羞怯。有一次，乾隆帝到圆明园，看到小弟弟弘曕在那里玩耍，突然来了兴致，便命停轿，下来和他打招呼。可是，弘曕对哥哥皇帝并不熟悉，惶恐地看了乾隆一眼，一溜烟地跑掉了，乾隆帝有些失望，也有点儿生气。成年后的弘曕，确实很有性格特点：

第一，贪婪。弘曕作为果亲王的唯一合法继承人，却很贪婪。他曾和乾隆帝的大舅子高恒一起贪污国帑，被乾隆帝发觉，乾隆十分生气。

第二，散漫。这是他最大的特点，从来不严格要求自己。比如，圆明园“九州清宴”失火，诸王都进园救火，弘瞻住处离得最近，来得最晚，并且和皇子们嘻嘻哈哈，毫无关念之情。这种散漫的态度，遭到乾隆帝的痛斥。

第三，性格外向。弘瞻的性格一点儿也没继承他的父亲雍正帝，可能随了他的母亲谦妃。当他不满意的时候，不管是谁，都要表达出来，哪怕是对皇帝不满。比如，弘瞻的生母谦妃寿辰的时候，乾隆没有加赐称祝，弘瞻忿激不满，形之于色，竟然向乾隆帝陈词讽刺。乾隆帝也没有客气，反唇相讥，使得弘瞻狼狈不堪。

▲ 图10-12　弘瞻像

终于，在一个事件中，乾隆帝惩罚了他。有一次，弘瞻和弘昼一起到皇太后宫中请安，之后，便在皇太后座旁膝席跪坐，该处正好是乾隆皇帝平日跪坐之地。倒霉的是还正好被乾隆帝看见了。乾隆帝责备两个弟弟“仪节僭妄”。最终乾隆皇帝给予了弘瞻严厉的处罚，降职罚俸，弘瞻由郡王降为贝勒，并罢免了所有官职，还被罚王俸三年。弘瞻病倒了，闭门家居，抑郁不欢。病危时，乾隆帝亲临视疾，弘瞻在衾褥间叩首谢罪。乾隆帝被手足之情所感动，呜咽失声，拉着弘瞻的手说：“我因你年少，故而稍加处分，以改变你的脾气，想不到你会因此得

▲ 图10-13　乾隆帝戎装像

这样重的病。”看来，乾隆帝是后悔了。之后，乾隆下令恢复弘瞻郡王的封爵，但是弘瞻不久即死，终年33岁。

宁妃，武氏，知州武国柱女。早年入侍亲王潜邸，雍正十二年（1734年）死去，追封为宁妃。

泰妃园寝中，埋葬的其他16位墓主是：郭贵人、李贵人、安贵人、海贵人、张贵人、那常在、马常在、李常在、春常在、高常在、常常在、顾常在、苏格格、伊格格、张格格、张格格。这些人在宫中地位低下，因而没有档案记载，其生平不详。

这里，提到了格格。需要解释一下。《清史稿》记载：“太祖初起，诸女但号格格”。例如，清太祖努尔哈赤的长女称“东果格格”，次女称“嫩哲格格”，并不是皇帝的后妃称谓。皇太极继位后，于崇德元年（1636年），规定皇帝女儿开始称为“公主”，“格格”遂专指王公贵胄之女了。顺治帝即位后，在顺治十七年（1660年）始把“格格”分为五等：郡主、县主、郡君、县君、乡

▲ 图10-14　泰妃园寝的园寝门

君。可是，在雍正帝后宫的甄嬛们，却也出现了格格，比如，乾隆帝的生母，入王府就是一个“格格”，这其实是一个非正式的称谓，并不符合宫中规定，也可能是一种可爱的称谓。

泰妃园寝中葬有4位格格。同孝东陵、景妃园寝一样，雍正时期，后宫典制尚待健全，仍有称嫔御女子为格格的事例，乾隆以后，宫闱称谓肃然，不再有格格之称。

雍正帝还有一位嫔御，封号“老贵人”，葬清东陵之昭西陵东侧，与其同园葬入的还有孝庄侍女苏麻喇姑。

我们说了好多关于甄嬛们的生老病死、爱恨情仇、喜怒哀乐。但是，所有这一切，她们都要依靠雍正帝，听从他的安排。所以，雍正帝的性格、爱好和情趣就至关重要了，大家一定很想知道，雍正帝胤禛，这位颇具争议的一代帝王，究竟有着怎样的多面人生呢?

Chapter11

第十一章

# 雍正的多面人生

雍正帝是清朝最复杂的帝王，性格复杂，爱好复杂，死因也很复杂，是一个富有多面性的帝王。本章将依据史实档案，通过五个方面告诉大家这样一位具有争议的帝王，究竟有着怎样的多面人生。

雍正帝喜爱炼丹。古代帝王，都很迷恋长生不老。如秦始皇派人入海访仙求药，汉武帝命人炼丹求长寿，宋太祖向道士寻求养生秘术，等等。雍正帝也是一样，他在藩邸时，就对丹药产生了兴趣，曾作诗一首，名为《烧丹》：“铅砂和药物，松柏绕云坛。炉运阴阳火，功兼内外丹。”诗中的“铅砂”、“阴阳火”等字眼，就把胤禛烧炉炼丹的情境，活灵活现地描述出来了。典籍中，记载了雍正帝迷恋丹药的种种活动……

# 第十一章　雍正的多面人生

这一章，我们来探讨甄嬛们的丈夫雍正帝。

▲ 图11-1　雍正帝像

雍正帝是清朝最复杂的帝王，性格复杂，爱好复杂，死因也很复杂，是一个富有多面性的帝王。这里我依据档案，讲几个问题：

第一，喜怒无常的性格特征。

雍正帝究竟具有什么样的性格呢？史学家进行了总结概括：

1. 喜怒不定。这个评语不是史学家说的，是他的父皇康熙帝说的。早在康熙四十七年（1708年），康熙帝对自己的每个儿子进行了评论，在谈到胤禛的时候，康熙帝用了四个字“喜怒不定”。

这可不是一句好话。分析一下喜怒不定的含义，它包含有性情乖僻和神经质两个含义，基本上就是性情不稳定，令人捉摸不透的性格。

对于父皇的这个评语，雍正帝非常着急。他想，万一父皇这个印象形成，自己继承皇位的希望就没有了，那岂不是要了他的命。所以，胤禛千方百计地努力，争取改变父皇的看法。终于，在他年届而立之年，他找到父皇，说：“儿臣一直努力，居心任事，性格不再像儿时那样，已经很稳定了。就不要把早年父皇的那个评语写进牒谱里面了。”康熙帝答应了他的要求，认为他确实是改进了很多，可以去掉这个评价了。

2. 急躁的性格。毫无疑问，雍正

帝有急躁的性格特征，这个性格是与生俱来的。可是，急躁是很容易犯错误的，尤其是对于一代帝王来讲，确实是很致命的性格。所以，雍正帝很想改掉这一毛病。在《雍正朝起居注》中，记载了康熙帝曾经对他的要求："戒急用忍。"康熙帝给胤禛开了一剂良药，要想戒掉急躁的毛病，就要有忍性。他做到了吗？雍正四年，雍正帝对自己有个中肯的评价："朕经历世故多年，所以动心忍性处实不寻常。"雍正帝承认自己急躁的性格并没有完全改进，看来，天生的性格特征改进是很难的。

▲ 图11–2　老年康熙像

3. 率直的性格。这种性格在即位以后，才表现出来。因为，康熙帝在世的时候，雍正帝如果不掩饰起自己的性格，就不会得到帝位。做了皇帝以后，雍正帝的个性充分表露，比如，他看了从一品大员丁士杰的折子后，朱批"无耻之极"、"天良丧尽"、"卑鄙无耻"等，很不适合一代帝王给臣子的批语。但是，雍正帝居然毫不掩饰自己的想法，可见其具有率真的性格特征。

4. 心性狠辣的性格。这是雍正帝很明显的性格特征。为了达到自己的政治目的，雍正帝会表现得超级狠辣。不管是自己的亲信，比如年羹尧、隆科多，还是亲兄弟，比如胤禩、胤禟、胤禵等，都要统统除掉，至少要将其清除出核心权力圈，表现出一代帝王所特有的独断、刚毅和狠辣的性格特征。

当然，雍正帝的性格带有多面性，很难确定究竟属于哪种，但是，最为明显的还是上述几种性格。

第二，痴迷祥瑞的特殊爱好。

雍正帝一生信奉祥瑞，而且，还侈谈祥瑞。这样，各级官僚投其所好，纷纷上奏雍正皇帝，出现了"天降甘露"、"麒麟见"、"瑞芝生"等罕见的祥瑞记载。遍查雍正朝史料，会发现这些记载：

1. 出现"嘉禾"。雍正二年（1724年），顺天府报"瑞谷一茎四穗"；雍正五年，田文镜报瑞谷"一茎十五穗"；雍正五年，鄂尔坤图拉报麦子"一茎十五

▲ 图11-3　雍正帝行乐图（图一）

穗”；雍正七年，张广泗报黔地稻谷“一穗七百粒，每穗长至二尺多”；雍正七年，顺天府报出现“龙爪谷”，等等。雍正帝不仅高兴，还让人制成《嘉禾图》《瑞谷图》，亲自作跋，自以为是地称道，是盛世天降祥瑞。

2. 长出“耆草”、“瑞芝”。这些事情主要发生在东陵地区。雍正元年（1723年），马兰关总兵奏报，顺治帝孝陵长出蓍草；雍正七年，内务府大臣奏

▲ 图11-4　雍正帝行乐图（图二）

报，景陵大碑楼附近长出灵芝；雍正十年、十二年，马兰关总兵报景陵后山长出灵芝。这些蓍草、灵芝，被认为是奇异的祥瑞现象，只有帝王功德隆盛，感动上帝才可以出现。

3. 瑞麟生。雍正十年，山东报巨野民家牛生瑞麟，遍身鳞甲，光彩耀人；雍正十一年，四川盐亭报农家牛生瑞麟，并绘图呈览。他们谄媚雍正帝，说这是

“圣人生”，才出现的祥瑞现象。

4. “凤凰” 现。凤凰本是传说中的瑞鸟，现实生活中根本没有。可是，雍正八年，散秩大臣常明却上奏，在房山出现了一只凤凰，这只凤凰“五色俱备，文彩灿然”。本来，古人就有关于凤凰很神奇的传闻，雍正帝听到奏报，坚信不疑，大肆渲染，并被记入史册。

5. 现“五星联珠”。五星联珠，就是行星中的金星、木星、水星、火星、土星五大行星在太阳同一侧的45° 角范围之内。这种异常情况，数百年才出现一次，所以，古人认为这是祥瑞的吉相，往往会大肆宣传。所以，雍正三年二月初二，出现的五星联珠正适应了雍正帝喜爱祥瑞的心理。

6. 瑞云生。所谓“瑞云”，其实就是五彩云。这种五彩云的出现时间是雍正元年九月初一日，这一天，雍正帝的父皇康熙大帝，母后孝恭仁皇后入葬景陵地宫。正当康熙帝和孝恭皇后梓宫入葬地宫之时，有官员突然上奏，在景陵宝顶的西北方向出现了五彩祥云。当时，雍正帝立即叩谢上苍，泪流满面。大臣立即献媚说是皇上（雍正帝）孝顺，大行皇帝（康熙帝）功德隆盛才出现的祥瑞。雍正帝立即命人将其载入史册，传之后世。

雍正帝虽然崇信祥瑞，却也有担忧，惧怕后人耻笑他无知。所以，他在《上

雍正时期，皇帝的寝宫由乾清宫移到了养心殿。养心殿是工字形建筑，分为前朝和后寝，中间以穿堂相连。前殿三间，中间一间为皇帝召见大臣处理政务的地方，东间就是“垂帘听政”的场所；西间，有雍正皇帝手书“勤政亲贤”匾，是皇帝召见军机大臣的地方。

▲ 图11-5　养心殿内景

谕》中说："朕素不言祥瑞。"这真是欲盖弥彰、自欺欺人的话。

第三，雍正帝喜爱炼丹。

古代帝王，都很迷恋长生不老。如秦始皇派人入海访仙求药，汉武帝命人炼丹求长寿，宋太祖向道士寻求养生秘术，等等。雍正帝也是一样，他在藩邸时，就对丹药产生了兴趣，曾作诗一首，名为《烧丹》："铅砂和药物，松柏绕云坛。炉运阴阳火，功兼内外丹。"诗中的"铅砂"、"阴阳火"等字眼，就把胤禛烧炉炼丹的情境，活灵活现地描述出来了。

典籍中，记载了雍正帝迷恋丹药的种种活动：

▲ 图11-6　雍正帝讲学

1. 推崇紫阳真人，为之重建道院。雍正登基后，极力推崇金丹派南宗祖师张伯端，封他为“大慈圆通禅仙紫阳真人”，并敕命在张伯端的故里建造道观以做崇祀。在《清世宗诗文集》中，他撰写了“紫阳道院碑文”，赞扬紫阳真人“发明金丹之要”。

2. 开炉炼丹。我们在浩如烟海的清宫档案中，发现了雍正帝为自己炼丹做了周密的准备工作。清宫《活计档》中记载了雍正八年（1730年）的炼丹物料准备：

十一月十七日，圆明园秀清村处用桑柴一千五百斤，白炭四百斤。

十二月初七日，圆明园秀清村处用铁火盆罩，口径一尺八寸，高一尺五寸一件；红炉炭二百斤。

十二月十五日，圆明园秀清村处用矿银十两，黑炭一百斤，好煤二百斤。

十二月二十二日，圆明园秀清村处化银用白炭一千斤，渣煤一千斤。

专家统计，自雍正八年十一月至雍正十三年八月，5年间，雍正下旨向圆明园运送炼丹所需物品达到157次，共备下黑煤192吨、木炭42吨，此外还有大量的铁、铜、铅制器皿，以及矿银、红铜、黑铅、硫黄等炼丹原料。

秀清村在圆明园之东南角，后面是山，前面是水，很安静，是炼丹的好地方。雍正帝的炼丹活动就在这里秘密而紧张有序地进行着。

3. 赏赐王公大臣丹药。雍正帝坚信服食丹药，可以治病长寿。因而，雍正四年（1726年），雍正皇帝就经常吃一种叫“既济丹”的丹药。他感觉服后有效，还作为特殊礼品赏赐给云贵总督鄂尔泰、河东总督田文镜等宠臣。并下谕旨：“放胆服之，莫稍怀疑，乃有益无损良药也。”清宫《活计档》记载，雍正十二年，雍正皇帝曾两次赏发“丹药”：第一次是三月二十一日，内务府总管大臣将丹药赏给署理大将军查郎阿、副将张广泗、参赞穆登、提督樊廷四人；第二次是四月初一日，赏给散秩大臣

▲ 图11-7　象牙席

▲ 图11-8　雍正帝行乐图（图三）

达奈。

4. 在宫中养道士。雍正八年（1730年）的春天，雍正皇帝闹了一场大病，他便命人给他物色懂医术的道士进宫。前后有几个知名的道士进宫：

贾士芳，河南人。于雍正八年七月间抵达宫禁，开始给皇上治病，初疗效显著，雍正帝很信任他。雍正曾说："朕躬违和，适得异人贾士芳调治有效。"

可是，伴君如伴虎。在这年的九月，雍正突然将贾士芳下狱治罪说："一月以来，朕躬虽已大愈，然起居寝食之间，伊欲令安则安，伊欲令不安则果觉不适。"斥责贾士芳："公然以妖妄之技，谓可施于朕前。"贾士芳逐渐控制了雍正的健康，雍正帝立即感觉到了危险，于是处死了他。

娄近垣（1689—1776年），为清代正一派道士，松江娄县人。雍正十一年（1733年）八月，封其为"妙正真人"。处死贾士芳后，雍正遂命娄近垣在宫中设坛礼斗，以符水为他治病。可以庆幸的是，娄近垣没有以妖法蛊惑雍正帝，所以，雍正皇帝赞扬他："秉性忠实，居心诚教。"

此外，在圆明园为雍正炼丹的道士，主要还有张太虚、王定乾等人，他们为雍正帝兢兢业业炼丹，深得帝宠。

第四，雍正帝的特殊嗜好。

雍正这个皇帝有很鲜明的性格特征和嗜好。通过对雍正帝生活、情趣、饮食习惯等研究，一个活灵活现且男人本性十足的雍正帝呈现在我们面前：

1. 酗酒。曾静曾说雍正帝有酗酒的毛病。传说，雍正帝时与隆科多喝到深夜，把酒临风，来缓解工作压力。他曾留下这样的诗句："对酒吟诗花劝饮，花前得句自推敲。九重三殿谁为友，皓月清风作契交。"有的资料还煞有介事地介绍雍正帝喜欢喝宁夏产的一种羊羔酒，说他曾密旨给年羹尧，要他秘密进贡这种酒。

2. 好色。曾静确实指责过雍正帝是好色之徒。近年来，也有专家考证，说雍正帝长期贪图女色，乱服春药。更拿出一条朝鲜史料，说："雍正晚年贪图女色，病入膏肓，自腰以下不能运用者久矣。"我们考证雍正帝后宫，他一生有后妃25位，并不是最多的。但是，雍正帝后宫的好多妃嫔确实留下了图像，就有"雍正十二妃"图传世，给人留下他很好色的感觉。

3. 化装。在清朝的皇帝中，雍正帝是最喜欢化装的了。他有好多化装的图像传世，比如穿道装的、穿洋装的、穿汉装的等。这几种化装图中，穿洋装的图像很吸引人：头戴假发套，身穿氅衣，项系围巾，很像路易十四时代的法国君主。汉装像则是多种多样，有犁耕的，有看书的，有射鸟的，有抚琴的，等等。

4. 闻鼻烟。鼻烟是烟草制品之一，做法是以香味较好的烟叶，晒干后和入名贵药材，如麝香等，磨成粉末，装入鼻烟壶，经一定时间的陈化，即可应用。用法是以手指粘上烟末，轻轻由鼻孔吸入。闻鼻烟可以醒脑提神，驱秽避疫，具有驱寒冷、治头痛、开鼻塞、明目、活血等作用。还可以缓解精神紧张，使疲劳的身躯得到暂时的休息和松弛。鼻烟是一种舶来品，最早是美洲印第安人的奇特习俗，明代隆庆年间，经过菲律宾传入中国。到了雍正年间，鼻烟进入宫廷。雍正皇帝非常喜欢闻鼻烟，并把鼻烟和鼻烟壶赏赐给大臣们。雍正帝还喜欢各式各样的鼻烟壶，自己亲自设计，并指导制作鼻烟壶。

5. 戴眼镜。据资料介绍，眼镜最早出现于1289年的意大利佛罗伦萨，是欧洲人的一项重要发明。雍正帝很喜欢西洋眼镜，倒不是雍正帝附庸风雅，确实是他已经眼花了，需要眼镜的帮助。不仅如此，雍正帝还把眼镜发放给泼灰处的工匠，作为一种实用的福利待遇。

6. 看八字。雍正帝很重视人的生辰八字。不管干什么事情，他都要根据生辰八字算一算。包括年羹尧和他见面等很简单的事情，他都要批八字，看一看是否合宜。他跟鄂尔泰要八字，理由就是鄂尔泰身体虚弱，

▲ 图11–9　雍正帝犁耕图

▲ 图11–10　雍正帝洋装像

清王朝的内廷艺术，在雍正一朝趋于完美，不仅是中国传统的瓷器刺绣等艺术，就连西洋画也在雍正朝宫廷趋于流行。

▲ 图11-11　皇帝公案

▲ 图11-12　雍正帝书法

要找人给他看看寿数，以便及早预防。

7. 加夜班。雍正帝很勤政，常常在深夜批奏折。如果我们翻看雍正朝的朱批，就会看到很多雍正夜间办公的记录，比如“日间刻无宁晷，时夜漏下二鼓，灯下随笔所书”；再如“灯下批写，字迹可笑之极”；等等。从这点可以看出，雍正帝在位期间，朝乾夕惕，兢兢业业，很少休息，十分勤政。

8. 喜黑色。对于颜色，雍正帝同其他帝王一样，喜爱黄色，因为这是皇家的专用颜色。但是，通过查阅史料发现，雍正帝对于黑色情有独钟。比如，雍正帝令造办处制作的鼻烟壶多为黑色或黑釉做底，或用黑红勾勒。此外，他还命人制作了其他黑色调为主颜色的器物：铜胎黑地珐琅春盛、黑地白梅花四寸磁碟、黑地彩漆盒、黑地五彩流云珐琅春盛、黑地仗酱色地仗织圆金龙五彩云蟒袍等。

9. 喜玩狗。雍正帝勤政之余，也会通过娱乐活动来缓解压力。比如，他十分喜欢玩宠物狗，其中他最喜欢的两条狗叫作“造化狗”、“百福狗”。雍正帝不仅喜欢，还为小狗做一些事情：做狗衣、做狗笼、建狗窝。雍正帝亲自参与，细心构思，有时，也会指导他人承做。

10. 爱书法。其实，琴棋书画是清代皇

家皇子公主的必修课程，宗室中的大部分人都会。但是，精通者未必多。雍正帝的书法在诸皇子中堪称佼佼者，康熙帝很欣赏，命他每年书写扇面100余幅。所以，在康熙帝景陵大碑楼建成后，雍正帝亲自书碑文，并亲自书写了景陵的碑匾，流传至今。

第五，雍正死亡之谜。

雍正帝和他的父皇康熙帝一样，充满传奇色彩，尤其是其死因迷雾重重，让人捉摸不透。有关雍正朝重臣张廷玉的一份档案《澄怀园主人自订年谱》这样记录："八月二十二日，圣躬偶尔违和，犹听政如常，廷玉每日进见，未尝有间。二十二日漏将二鼓，方就寝，忽闻宣召甚急，疾起整衣，趋至圆明园，内侍三四辈待于园之西南门，引至寝宫，始知上疾大渐，惊骇欲绝，庄亲王、果亲王、大学士鄂尔泰、公丰盛额、讷亲、内大臣海望先后至，同至御榻前请安，出，候于阶下。太医进药罔效，至二十三日子时，龙驭上宾矣。"

这里有一句十分关键的词语"惊骇欲绝"，就是雍正帝的死，连张廷玉这样的近臣都感到吃惊，一定是有不正常的地方，也就难怪后人的猜测了。于是，关于雍正帝之死，迷雾重重，有好多种说法：

1. 吕四娘刺杀致死。相传，吕四娘是吕留良的女儿，吕留良是明末清初的反清人士。雍正十年，吕氏家族以文字狱遭灭门之祸，仅以吕四娘携母及一仆逃出，隐姓埋名，潜藏民间。吕四娘为了替父报仇，拜师习武，苦练剑术，技艺高超。雍正十三年，吕四娘乔装进宫，刺杀了仇家雍正帝。

2. 丹药中毒身亡。史家多坚持此说。雍正帝笃信道家，不仅请道士进宫说教，还让他们在宫中大肆炼丹。前文已经述及，更为重要的是，雍正帝长期吃道士给他炼的丹药，这些丹药含汞、铅等一些重金属，也恰恰是这些毒素，长期服用，会导致中毒，直至死亡。据统计，我国古代帝王由于迷信丹药，长期服用导致死亡的就有14位之多。

3. 中风而死。清朝的皇帝饮食结构不是很合理，他们喜爱吃猪肉、猪油，不太注重蔬菜的食用。过量摄入猪肉、猪油正是导致心脑血管疾病的原因，皇太极的死就是这样。清史大师郑天挺先生在《清史简述》中认为雍正帝"是中风死去

▲ 图11–13　雍正帝行乐图（图四）

的”，说得很有道理，但是，没有做具体的考证和说明。

4. 好色过度而死。现代史家金恒源先生则有新说，认为雍正帝长期贪图女色，乃至乱服春药，是导致最终猝死的直接原因之一。他还引用了上述朝鲜史料：“雍正晚年贪图女色，病入膏肓，自腰以下不能运用者久矣。”证明雍正帝贪图女色，房事过度，导致猝死。不过，单凭一条史料，略显单薄，还需要进一步考据说明。

此外，还有很多说法，如“雍正帝被宫女缢死”说。《梵天庐丛录》记载：

雍正末年，不满雍正帝的宫女伙同太监，趁着雍正帝熟睡之际，用绳子将其勒死。这其实是明代嘉靖帝“杨金英案”的移花接木之作，不值得驳斥。还有“曹雪芹和竺香玉合谋毒死”说。有人虚构曹雪芹的恋人竺香玉，被雍正霸占成为皇后，曹雪芹想念她，就找了一个差事混入宫中，与竺香玉合谋，用丹药将雍正毒死。此说更是子虚乌有，没有任何依据。

所以，关于雍正死因，目前还是一个难解之谜，史学界并没有一致的结论。那么，这个百变帝王生前为自己死后都做了哪些准备？他的陵寝又有哪些特殊之处呢？

▲ 图11–14　雍正帝美人图之展书

Chapter 12

第十二章

# 风水佳壤之泰陵

雍正帝死后葬于泰陵，泰陵是他及其后妃的合葬墓，位于河北易县之永宁山下，是清西陵的主陵，也是其境内的第一座帝陵。然而，这个百变帝王生前是如何选址的？他的陵寝又有哪些特殊之处呢？

入关以后的清代帝王，自顺治选择遵化昌瑞山营建孝陵以后，康熙帝也在其左营建了景陵。这正符合中国古代帝王葬制：先王之葬居中，以昭穆递分左右。按这一规律,雍正帝万年之后，理应在孝陵之右选择吉地，建造陵寝。

于是，在雍正五年闰三月初十日，雍正帝派出精通风水的官员术士到孝陵附近相度。但都没有相中。雍正帝思虑再三，又派出怡亲王允祥到遵化相度，终于发现了一处风水佳壤。这处宝地即九凤朝阳山，位于遵化州东北约四十里处。雍正帝非常高兴，连忙下了一道谕旨："将此所奏之地交与钦天监备记档案，并行文该地方官不时巡查防护，禁止伐木挖掘及诸所毁碍之事。" 随后，为陵寝工程大做准备，备办了许多建筑材料……

# 第十二章　风水佳壤之泰陵

泰陵为雍正皇帝及其后妃的合葬墓，位于河北易县之永宁山下，是清西陵的主陵，也是其境内的第一座帝陵。在这里，我讲三个问题：

第一，煞费苦心的风水选择。

入关以后的清代帝王，自顺治选择遵化昌瑞山营建孝陵以后，康熙帝也在其左营建了景陵。这正符合中国古代帝王葬制：先王之葬居中，以昭穆递分左右。按这一规律，雍正帝万年之后，理应在孝陵之右选择吉地，建造陵寝。

于是，在雍正五年闰三月初十日，雍正帝派出精通风水的官员术士到孝陵附近相度。但都没有相中。雍正帝思虑再三，又派出怡亲王允祥到遵化相度，终于发现了一处风水佳壤。这处宝地即九凤朝阳山，位于遵化州东北约四十里处。雍

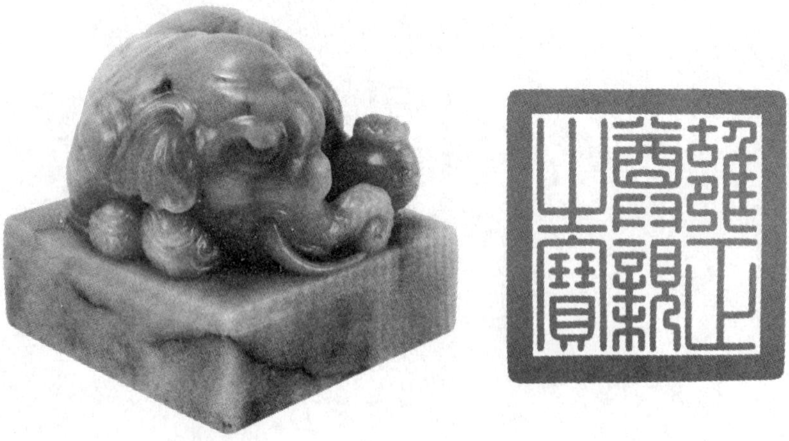

▲ 图12–1　雍正尊亲之宝

正帝非常高兴，连忙下了一道谕旨："将此所奏之地交与钦天监备记档案，并行文该地方官不时巡查防护，禁止伐木挖掘及诸所毁碍之事。"

随后，为陵寝工程大做准备，备办了许多建筑材料。据档案记载有：沙城砖70万块、沙滚子砖50万块、尺七方砖750万块，同时运往的还有各式琉璃瓦件等。并谕令全国各地为吉地工程效力，其金砖由大运河沿岸的苏州府烧造，楠木由江南、浙江、湖广、广东采办，杉木由湖广、浙江、江西等采办，铁梨木由广东专供。其他石料、瓦料、金属件等均各有分工。可是，开工之后，却发现了一些问题。一是穴中之土含有砂石，经过刨验土质，发现土中有一些大的砂石颗粒，这不利于建筑地基的稳固；二是规模虽大而形局未全，就是在山势的大范围内存在不足，实地踏勘得知，九凤朝阳山后靠之山与其左右之山有断层地方。存在诸多缺点，自然就不可再用了。

于是，心事重重的雍正帝再下谕旨，遍选天下风水宝地。这次选址就不再拘泥于遵化境内了，甚至还到东北选址。经过反复挑选，他终于有了满意的答案。

这处吉壤在京西易县泰宁山下的太平峪。关于太平峪，历史文献资料中多有溢美之词，称这里"乾坤聚秀之区，阴阳合会之

▲ 图12-2　雍正帝戎装像

▲ 图12-3　李卫像

所，龙穴砂水无美不收，形势理气诸吉咸备，山脉水法，条理详明，询为上吉之壤”。这是风水官给雍正帝的奏折中，对此地的极力吹捧。还有史书这样描述，“泰宁山雄高群巘，抽脉自管涔恒岳而来，襟带百川，分水以拒马、滹沱为界，其间形局，既属大地之凝庥”。“向东延伸进入易县连接黄土岭，再向东北至五回岭，再向东北经车儿岭、蝙蝠岭、龙门岭，约五十里而至易县紫荆岭，由此向东北二十里为云蒙山，再至东北二十里为官座岭，再向东北三十里为奇峰岭，再向东北为龙潭顶，再向东稍南为洪崖山，又向东北为天堂山，至此入涞水界”。

时任直隶总督、雍正帝的亲信大臣李卫更是细心地将泰宁山的风水夸赞了一番：“钦为易州泰宁山太平峪，乾坤毓秀，川岳钟灵，恭建万年吉地。臣于七月初七日敬诣瞻仰，细度山水形胜，龙蟠凤翥，源远流长，左右回环皆系天造地设，前拱后卫。实如玉笏金城。自广昌分为三枝，由插箭岭高起南来，从浮图峪盘旋东转，悉皆起伏连绵，有关风水发脉。”

今天看来，这些人的吹捧并不为过。泰宁山作为陵寝后靠，稳重厚实，元宝山作为朝山横亘于南，富贵逼人，蜘蛛山悄然安卧于前，成为案山。东、西华盖山遥相呼应，更有九龙山和九凤山左右夹持，形成一个天然门阙，拒马河水由此奔涌而出，是为陵区的天然陵口。南面尚有易水河缠绕流淌，真是山环水绕，妙趣横生。

这样的一处风水宝地，是雍正帝求之不得的。他决心已定，于是，派遣王公大臣，为其筹办吉地大事。

第二，泰陵的筑建。

雍正七年，太平峪万年吉地定下后，雍正帝即任命恒亲王弘晊、内大臣常明、尚书海望、侍郎德尔敏等人为督办陵工大臣，亲到陵工办理大工事宜。到雍正八年八月十九日，开工兴建。

选办物料是陵工最基础也是最难做的事情。因为陵工为国家重点大工程，丝毫也马虎不得。在泰陵承办的档案材料中，详尽记录下了各种物料的采办数目、过程和用银情况。

首先是采办金砖。陵寝用金砖要求极严，要指定地点专门烧造。其用料之

▲ 图12-4　泰陵

精、工序之复杂让人难以想象。泰陵金砖在苏州烧造，因为那里的土质黏而不散，粉而不沙，适合制作金砖。金砖的制作要经过选土、炼泥、澄浆、制坯、阴干、烧制等多道工序。光烧制就要以糠草熏1个月，片柴烧一月，棵柴烧1个月，松枝柴烧40天，共需130天才可窨水出窑。而金砖在铺墁时，更较其他青砖使用为严格。《工程做法》上记载，铺墁时，需抄平、铺泥、弹线、试铺、刮平、钻生、泼墨等。操作时，瓦工1人、壮工2人，每天只能墁5块，可见要求之严格。整个泰陵殿宇内所用金砖数为6000余块，耗银相当可观。

其次，在墙体、海墁等处要大量使用青砖。这些砖虽然不像金砖要求那样严格，但也要指定地点，专门烧造。泰陵城砖选在山东临清烧制。前后共5次烧造，成品砖有15.7777万块，用银5万多两。琉璃瓦件是陵寝所用的大宗物料，朝廷指定北京琉璃厂专制。档案记载，泰陵用过琉璃瓦件共3.9292万件，连同运输费用，共用银近7.5万两。

陵在修建中，其石牌坊、石五供、循栏、石像生、各建筑基座及神路石、地宫券顶及地面石等，均要使用大量石料。这些石料不仅要质量好，而且体量又大。泰陵所用石料基本为两种，一为青白石，一为豆渣石。青白石采自北京房山

▲ 图12-5　泰陵龙凤门

大石窝，豆渣石则采自北京昌平。毛石料的采办固然很难，但要将其运到建筑工地就更难了。石料的加工，基本都在工地进行，量材使用。

泰陵木料的使用共分3种，一为楠木，一为杉木，一为铁梨木。楠木作梁柱使用，需直径3尺2寸、长3丈5尺，共164根；圆杉楠木，直径2尺2寸、长2丈1尺，需用4886根；铁梨木按重量计算，需用256万多斤；杉木，一般用作搭架子用，大小不等，计需4855件。这些木植的采办相当艰难。大部分采自闽、粤、江、浙、川、贵、滇等地。这些木料采下后，还要进行粗加工，再千里迢迢运到工地使用。

大量的砖瓦石木料，运到工地，需要妥为保管。《工科史书》记载，为保存这些物料，在工地上搭建棚厂达500间，可见用料之多。

从雍正七年到乾隆元年，陵工前后持续近8年的时间。在长达2500米的神道上，共建有76座建筑，占地近127亩。

泰陵的建筑既取法于孝陵，又承袭景陵制度。大红门、石牌坊、具服殿、龙凤门等建筑式样，明显源于孝陵的图纸；而自宝城、宝顶、五供、大殿、门座、神道碑，迄大碑楼等建筑，明显取法于景陵。尤其是圆式宝顶、大碑楼内的石碑由一统改为双碑并立，则更是如出一辙。

此外，泰陵的建筑细部，还有许多创新处理，比如大、小碑亭增饰了青白石券脸，石拱桥各券洞上的吸水兽头装饰，方城前月台台明全用青白石做成，等等，都是前代孝陵、景陵所没有的。

泰陵最值得一提的有两座建筑。一是石牌坊，一是石像生。

泰陵石牌坊在大红门南，共3座，一座面南，两座东西相向，与大红门共同组成一个围合的空间。这3座石牌坊，无论在建筑大小还是在建筑式样上，均毫无二致。每座高12.75米，面阔31.85米，五间六柱十一楼式样，采用木结构的雕刻和构造方法，楼顶雕有大脊、兽吻、瓦垄、勾滴、斗拱、额枋，并施以不同颜色的彩画。其6根巨大的夹杆石上，分别雕有腾龙、祥凤、雄狮、瑞麒麟等吉祥图案。精美的石雕再加上绚丽的彩画，整座石牌坊就是一件艺术珍品。

泰陵的每座石牌坊，与东陵的石牌坊在大小和式样上并无独特之处。但泰陵一改孝陵的1座石坊为3座石坊，一定有它的重要原因，因为陵前设有3驾石牌坊，并不多见，包括明十三陵都是1座石坊。今天看来，泰陵的这种做法，可能与风水有关。

另一组建筑就是石像生。泰陵的石像生原本没有，若按雍正帝的说法，自然是冠冕堂皇，“（石像生）需用石工浩繁，颇劳人力”，这是档案中的记载。实

▲ 图12-6　泰陵大红门

▲ 图12-7　泰陵石牌坊（图一）

际上，皇家的工程不会考虑节约与否，一定是与风水有关。果然，当乾隆帝极力想为其父添建石像生时，户部员外郎洪文澜极力反对。他在奏折中陈明："泰陵甬道系随山川之形势，盘旋修理，如设立石像生，不能依其丈尺，整齐安供。而甬路旋转之处，必有向背参差之所，则于风水地形不宜安设。是泰陵之未议石像生者，实由风水攸关，非典礼所未备。"

理由说得再清楚不过了。然而，怀有私心的乾隆帝却一心要为泰陵添建石像生。于是，他命王大臣再加考寝，看有无补救之策。王大臣再奏："大红门正在龙盘虎踞之间，护北面随龙生旺之气，纳南面特朝环抱之水，前朝后拱，天心十道，实天造地设门户，不便展拓向外。况石像生之设，古制未详，无大关典礼之处。似可毋庸添设。"尽管王大臣言之凿凿，一些善于察言观色、溜须拍马之徒，仍然在伺机上疏，捞一把政治资本。果然，在雍正十三年九月二十一日，监察御使玛起元即上疏乾隆帝："伏思大行皇帝所以不用石像生者，必以景陵未经设立，不忍增加。此诚我大行皇帝仁孝之至意也。但石像生虽非风水所关，实系典制所载，万年缔造，有此更可以永肃观瞻。且景陵旁附孝陵，同一大红门，并未分两处围墙，是以圣祖仁皇帝不肯设立石像生者，亦出于孝思之深心。后世子孙欲竭追慕之诚，凡于典礼所载无不典尽，方觉毫无遗憾，今奴才愚见，请于景陵前应照典制敬为添设。而现今万年吉地亦另为敬谨建立，以备从前所未备。如此，始于典制无缺。”

玛起元的这番谬论，真是极尽心力，巴结得头头是道。然而，中国古代帝王陵寝最重视的就是孝道和风水。出于孝道，景陵不建石像生；出于风水，泰陵不建石像生。玛起元为了讨好当朝天子，而胡说八道一番，实在丧心病狂。然而，这正是乾隆帝想要做的事情。所以，不仅泰陵添建了石像生，景陵也如法炮制地添建了石像生。泰陵石像生共5对，分别为马1对、象1对、狮1对、文臣1对、武将1对。

▲ 图12-8　泰陵石像生之文臣

▲ 图12-9　泰陵石像生之武将

泰陵的建筑洋洋大观，最引人注目的就是圣德神功碑亭。其建筑规制、法式与景陵完全一样，用满汉两种文字，在两座石碑上记录下了雍正帝一生的功绩。

第三，泰陵的内葬人物。

泰陵地宫内，除葬有雍正皇帝外，还陪葬了孝敬宪皇后，祔葬了敦肃皇贵妃年氏，共3位墓主人。

雍正帝，名胤禛，康熙帝第4子。他出生于康熙十七年十月三十日寅时，生母为孝恭仁皇后乌雅氏。康熙三十七年（1698年）三月二日，被封为多罗贝勒，康熙四十八年三月二十一日，封为和硕雍亲王。康熙六十一年十一月十三日，康熙帝崩于京西畅春园，胤禛继位，第2年改元雍正，时年45岁。

雍正继位后，宣布3年内清补钱粮亏空，设立会考府稽核财赋，严行追赃，减少绅衿滥免差徭之弊，整顿财政与吏治。

▲ 图12-10　雍正帝朝服像

期间，在全国推行摊丁入亩、耗羡归公及官给养廉银制度。下令解除乐籍、惰民、世仆、旦民、丐户等贱籍，与良民一视同仁。

他注意兴修水利，大力垦荒，劝农，解除海禁。增设八旗养育兵额，试图解决八旗生计问题。在西南地区，推行改土归流。平定青海罗卜藏丹津叛乱，设立驻藏大臣。创立军机处，代内阁为中枢机构。与沙俄签订《中俄布连斯奇界约》《中俄恰克图界约》，划定中俄中段边界。抵御外国宗教侵略，残酷打击异己及政敌，不论兄弟，大兴字狱。确立秘密建储制度，取消诸王对下五旗的统治权，建立秘密上折制度。雍正帝博学多才，精通满、汉文，熟谙儒家经典，热衷佛教，书法娴熟，诗文俱精，著有《世宗宪皇帝御制文集》。

雍正八年，雍正帝自感身体不适，便开始安排自己的后事。五月初四日，他命人将两盘数珠，一件玻璃鼻烟壶交与自鸣钟处收藏；五月十四日，命将一件金托碟白玉杯交给自鸣钟处收藏；五月十五日，将一部《日课经忏》交给自鸣钟处；五月十八日，又将古钱一枚交给自鸣钟处……这些东西，都准备将来入葬地宫之中。

可是，这一年他并没有死去，直到雍正十三年八月，才死于圆明园。

关于雍正帝之死，有说服丹药而亡，有说心肌梗而死，在此不作探讨。他终年58岁，在位13年，谥号全称为“世宗敬天昌运建中表正文武英明宽仁信毅睿圣大孝至诚宪皇帝”。

孝敬宪皇后，满洲正黄旗人，乌喇那拉氏，内大臣费扬古之女。那拉氏早年被康熙帝赐婚给雍亲王，康熙

▲ 图12–11　圆明园“万方安和”

三十六年生皇长子弘晖。雍正继位后，于元年十二月二十二日册立为皇后。雍正九年九月二十九日，死于畅春园。皇后死后，初暂安于京西田村殡宫，乾隆二年三月初二日，葬入泰陵地宫。其谥号全称为“孝敬恭和懿顺昭惠庄肃安康佐天翊圣宪皇后”。

▲ 图12–12　雍正朝宫廷瓷器

敦肃皇贵妃，年氏，汉军镶黄旗。父亲为湖广巡抚年遐龄，兄长是川陕总督年羹尧。年氏早年嫁入雍王府为侧福晋，雍正帝继位后，册封为贵妃。她先后有过4次生育：康熙五十四年生皇四女，康熙五十九年生皇七子福宜，康熙六十年生皇八子福惠，雍正元年生皇九子福沛。频繁的生育，足见年

▲ 图12-13　泰陵大碑楼

氏是得宠的。雍正三年十一月，雍正帝降旨礼部，晋年氏为皇贵妃。“贵妃年氏秉性柔嘉，持躬淑慎。朕在藩邸时，事朕克尽敬慎，于皇后前恭谨小心，驭下宽厚和平。皇考嘉其端庄贵重，封为亲王侧妃。朕即位后，贵妃于皇考、皇妣大事悉皆尽心，力疾尽礼，实能赞襄内政。妃素病弱，三年以来，朕办理机务，宵旰不遑，未及留心商确诊治，凡方药之事，悉付医家，以致耽延日久。且今渐次沉重，朕心深为轸念。贵妃著封为皇贵妃。倘事出，一切礼仪俱照皇贵妃行。”

这道诏旨表明，雍正封年氏为皇贵妃时，她已病重不治。果然，雍正三年十一月二十二日，年氏死于圆明园。其金棺初暂安于阜成门外十里庄殡宫，乾隆二年三月初二日葬入泰陵地宫，谥号为“敦肃皇贵妃”。

在泰陵大碑楼内，两统石碑上，分别用满汉两种文字，雕刻着雍正帝一生的“丰功伟绩”，现在，将汉文部分录制如下：

## 大清泰陵圣德神功碑碑文

洪惟我圣祖仁皇帝统承三圣之谟烈，奄奠万方，抚临天下六十有一年，实兼开创与守成之事。爰自绥靖南荒，翦除三孽而后。惟务以深仁厚泽，沦浃中外，俾涵泳优游，四方人欲，而励精图治，悠久无疆。晚岁之政，尤欲申严庶务以正官方，纠诘敝民以清礼俗，以明济惇大，以节制保丰享。故我皇考嗣承丕基，凡诚孝中正宽仁之大原无一不与圣祖同揆。至用人行政规模，则稍有变通，以求继志述事之尽善。惟皇考神圣之姿默契圣祖，是以膺付托之重任而宏开夫万年有道之长。惟皇考诚敬之德简在帝心，是以致嘉祥之骈臻，而即验于四海于变之盛，虽十三年之忧劳，无一日一时少释于宸衷。而所以贻我子孙臣庶亿万禩之乐利无穷者，诚如天地之无不帱载也。

皇考世宗敬天昌运建中表正文武英明宽仁信毅大孝至诚宪皇帝，圣祖合天弘运文武睿哲恭俭宽裕孝敬诚信中和功德大成仁皇帝第四子也，母孝恭仁皇后在妊时，梦月中仙娥授以神子，既觉而诞生皇考。皇考幼而徇齐，天性仁孝，圣祖恩眷异常。八岁时患腹疾，皇祖方巡狩塞外，闻之遽驰归，一昼夜而至，其笃爱有如此者。奉侍庭帏数十年，深爱悫敬，无一言一动不允当皇祖之心，每语众称为至孝。先是旧皇太子赠理亲王之未得罪也，皇考小心承顺，恪尽臣弟礼，而王恐圣祖眷爱日隆，有防于己，遂至以非礼相加，皇考每顺受之，而刚正之气亦不为少屈，律己则笃谨有加焉。及岁戊子，王以罪废，居常进谀者多背离，相忌者率倾陷，祸且不测，皇考多方保护，以悃忱恻怛，感慰圣祖之心，面曲为王解，始获矜容，王乃愧悔自失。东宫旧属咸洒泣惊颂圣德。方是时圣祖违和，又以允禔、允禩等屡作非彝，以干天怒，居常郁郁，病势增剧。皇考竭心孝养，凡百躬亲，靡昼靡夜，逮四阅月，圣躬乃安。及理亲王再废，圣祖春秋益高。诸王中私怀觊觎者往往矫饰名誉，私树党援，而皇考绝不以一事自表异。友于兄弟，均平如一，莫不同其忧喜。轸共疾痛。其自取咎殃者，亦不避嫌疑，力为调剂。自内外族姻，左右大臣以及近侍宿卫，无一人往来亲密者。圣祖用是灼知圣德渊懿，大义明著，无党无偏，足以膺宗社臣民之付属也。及遭大故，水浆不入于口，以乾清宫东庑为倚庐，素服斋居养心殿，三年如一日。每遇朔奠殷祭及献食寿皇殿，悲不自胜，哀动左右。躬送梓宫，安葬景陵，仁寿皇太后升遐，哀诚一如初礼。凡太庙、郊壇必躬必亲。致斋致悫，观者罔不肃然起敬。每遇水旱之祲，輙愀然曰上天谴责朕躬。命直省旬月奏报雨雪。苟应时则喜动颜色，或过期即减常膳。元年五月京畿旱，虔祷于宫中，自晨至夕不膳，霖雨立沛。盖皇考深念所任受于皇天暨列祖者。惟兹天下之烝黎，故休戚相关，如保赤子而民之所以安者，存乎政。政之所以举者，存乎人。故宵衣旰食，日有孜孜，尤以是为先务焉。念民所苦病者，莫如赋重而刑滥，有司遇灾祲而不恤，巧法侵渔。或惰侈以自耗，致民俗之日偷，逐奸利，纵淫乐，聚徒斗狠，若是者皆盗贼之源也。皇考即位之元年，即大免直省之逋赋。陕西、甘肃二省以军兴运饷，其所供赋税，无岁不蒙豁免。七年至九年，轮蠲各省赋税有差。自元年季张士诚据苏松嘉湖，陈友谅据南昌。袁瑞与明太祖苦战于江东西，横敛以给军，终明之世，故籍未改，特命永除数郡浮粮，著为令典。凡直省报灾，朝闻发不待夕，夕闻发不待朝。每语近臣："朕蠲租发赈。如救焚拯溺，犹恐灾黎之鲜有济也。彼视民之伤，与已若无与者，独何心哉？"常念水土为农田之本，而救荒之政，莫要于兴工筑以聚贫民，遂博求海内水利，修川防，俾各省河渠湖泽，岁久或淤塞为连州比郡农商害者，咸开濬之。京畿则命怡亲王、大学士朱轼经营水利农田，官开水田数万顷，听民自占者不与。十余年中，费数百万，贫民皆取食焉。洪泽湖都受淮流，广数百里，特高家堰为关键，以束淮而漱黄，下河七州县，民命系焉。发帑银百万，尽改石工。浙江松江海塘，经潮水屡涨，修筑相继，费数百万，滨海之民始得安衽席，无为鱼之患。往者，封疆大吏好因事以自为功，有司承迎以速进取之路。凡有兴作及赈灾动称捐助，或曰小民乐输，皇考再三谕禁，以苏民困。州县巧取有禁，门关苛索有禁。而民隐之万难上达者，莫不在皇考洞鉴之中。每遇重囚即深厪睿怀，屡饬法司必三覆奏。好生之德发于不能自已者如此。念刑罚所以济政教之穷，必修礼正俗，乃可清其源。详注圣祖仁皇帝谕旨十六条，亲制劝农种树之诏，御书刊示四方。命九卿详定贵贱服色、兵民婚丧礼制，实举寿义贞节。分遣御史巡行直省，常恐所任非人，则虽有良法美意，德难下究，教不虚行，故搜扬俊乂，立贤无方。自唐宋以后，秩禄不足以赡庶官，不肖者各以他途取之，用此苞苴盛行，不可遏止。皇考于外省督抚以及州县亲民之官，各赐养廉，较正禄数十百倍。其在京师卿贰则赐又俸，司旅并给饭费，虽闲曹职官，亦准俸银之数，赐之廪谷。而寡廉鲜耻、巧取而殃民者，法亦有所必行焉。左右辅弼及封疆重臣，忠勤夙著，猷绩彰闻，则推诚倚任，坦然不疑，俾得展尽底蕴，而常戒以面从，责以启沃，优容宠賚，十百于寻常。其有恃功骄蹇，植党营私者，则法立诛必。而忠直善良，即时有失误，屡被谴诃，卒保其终始。建贤良祠，崇祀累朝硕辅，其余著勋伐，效命疆场者，皆录用其后人。又念士者，民之表仪，而庶官所由备也，故广其登进之途而董之以教。元年，命郡州县学官必用正途。二年，躬诣太学，颁训饬士子文。四年，命直省督学举英才。八年，举通晓性理举人八人，并赐进士。各省会俱特建书院，取之之广，恤之之周如此。兵者，民之卫藩而国威之所蓄也。故勤其蒐简之政而曲体其情。命提镇考核将校，必察其训练拊循之实，毋得徇私。提镇之优劣，一以整饬将校，训练行伍，和辑兵民定之。士伍则正粮之外，别发帑银，俾军帅营运以恤其婚丧。盖皇考莅官驭将，勤民养士，整军恤众，使文武并励，中外相维，制防曲尽如此。重念八旗乃国家根本，内外大小臣工士民军吏所观式也，故所以教之，养之，取之，任之，察其情而优恤之者，尤详且备焉。元年，即命举人庠生之服公事者，各还家专力于学诵，设八旗官学，各就其方，简其士之秀异者而官教之。命诸王察举孝弟守分力学者，以承平日久，生齿愈繁，取八旗余丁四千八百人为教养兵，岁给十七万有奇，自五旗诸王不得以旗分人员多供差役，擅治其罪。下此正副都统及参领、佐领不得苛索外吏财物。窃尝审究皇考治法之源流，然后古圣王所为，以天下为一家，以中国为一人者，其规横气象始可得而见焉。皇考自宗亲戚畹勋旧以及八旗之士众，自京师畿辅以及九州四海之军民，惟恐其疾苦之蔽壅，礼俗之衰恶，一如一身之中，毛发有触而必动，虽外藩蒙古皆如家人父子，其职官并予俸禄，兵众咸给月粮。土默特守台站人，岁时有赏。用此凡有征讨，外藩效命，屡谕蒙古王、贝勒，宜爱民惠下，其子弟之俊秀者，或在内廷教养之。赐安南以隙地，减朝鲜、琉球贡物，厚朝鲜、俄罗斯国人之赏賚，给琉球来学者归国之道賚，不独泽流方外，而声教亦渐被于遐荒。十有三年之间，宵衣旰食，无晷刻之宁，不谓天下已治，万民已安而少懈夫朝乾夕惕之皇衷，故以事天之诚敬，昭事百神而神无不格；以法祖之仁孝，锡类万物而物无不孚。至于孔子德配天地，尤加崇礼。王爵之封，上及五世。跪献之礼，首著上丁。详定配享先贤，增置五经博士，皆前古所未有也。教养宗室而宽其拘禁者。自登宸极，则封理亲王子弘晰为郡王，而于理亲王未降一旨，未遣一使，曰“吾不欲受其拜并闻感恩之言也。”锡賚频仍，惟命内监传送，且教以询所从来，勿令告以上赐。及王薨，躬临哭奠，追赠更亲王，命弘晰进袭亲王爵，分封供具特厚。怡贤亲王之丧，躬临哭奠，哀恸久而不已。自戊子年后，允禩、允禟辈莫不妄冀非分，结党树援，尝触怒圣祖。圣祖降朱批，谕皇考及诸王云：“朕与允禩父子之义已绝”。及皇考嗣位，重念兄弟情，且知彼明敏能任事，爰命辅政。加恩信用，冀以感悟其心，密封皇祖旨于内阁，不以宣示外人。乃允禩不但不悔改，且心怀怨望，怙恶不悛，允禟在西宁，多为不法，显悖臣礼，皇考虽申告中外，明正其罪，绝其属籍，而两人犹得以天年终，罚费及嗣。自御极以后，瑞应骈至，日月如合璧，五星如联珠，黄河之青自陕州至邳宿，二旬有五日不变。凤集麟生，庆云甘露，灵芝嘉谷之祥，不可胜纪。皇考每见奏章，必深自警惕，咨戒臣工，苟德政之不修，虽天瑞不足恃也。彰明人纪，更定刑章。凡继母虐杀前子，以所生子抵法。无故杖杀仆婢者，分别轻重治罪。访明太祖本支裔孙，袭封侯爵，以承其宗祀。自明初，绍兴有惰民，靖难后，诸臣抗命者，子女多发山西为乐户，数百年相沿未革。一旦去籍为良民，命下之日，人皆流涕。自准噶尔扰边，圣祖仁皇帝宿兵西北陲，以保旧属诸藩。青海之平也，彼又纳我叛臣，虽屡加训告，袭盗不休，故定议濯征，为一劳永逸计，及十年，大破之于喀尔喀之地。边将争言宜乘时进剿，皇考念彼远处外夷，武不可黩，乃遣使谕告，决意罢兵。西南洞苗，自古为附近州县之害。自平定广乌蒙古州归义，开地二千里，而时戒边疆大吏为善后之谋。

敬惟皇考自始至终，所以莅官勤民教士恤军安内驭外者，无不体之以诚，本之以孝，用之以中，持之以正，育之以仁，抚之以宽，与圣祖仁皇帝若合符节而更化砥俗，使天政遵道遵路，如优恤宗室，而礼度必谨于防维。爱体大臣而法禁必行于贵近。搜罗才俊，而甄别不漏于昏庸。教育士民，而捕诘独严于败类。盖非此不足以移文恬武嬉、阴私交结之风，革吏蠹民偷、险戾奸欺之习。未尝非圣祖晚年整肃官方，矫除薄俗之遗大府监司，内而阁部院司台垣，不敢以己事干外吏。仓库侵蚀者，所在充盈，庠序鲜嚣陵之士，门关无苛索之兵，蠹吏散朋、奸民徙业。孔子所称善继人之志，善述人之事者，我皇考实克当之。

皇考即位之元年八月，即手书建储事，密封宫廷，布告鲜臣。八年六月，圣躬违和，特召臣及庄亲王、果亲王、和亲王、大学士、内大臣数人入见，面谕遗诏大意，谓："朕夙夜忧勤，惟体圣祖之心以为心，法圣祖之政以为政。因见人情浇薄，官吏徇私，罔知改省，不得不惩治以戒将来。故有从前条例本严而改易从宽者。乃原议未协，朕与廷臣悉心酌定，可垂永久。有从前本宽而改易从严者，本欲俟诸弊革除之后，酌复旧章。"乃知皇考圣智天纵，灼见圣祖不言之意。以就前功，而随时取中，用建民极。盖圣祖时，疮痍初复，非遍覆包涵，不足以厚生养而定民志。

皇考继承之初，则政宽而奸伏，物盛而孽萌，非廓清厘剔，大为之防，其流将溢漫而不可以长久。两朝圣治，正如天地四时之运，相推相代，以成岁功。先儒所谓虽有改制之名，而无变道之实者此也。皇考圣意，原欲大加整剔，使弊绝风清，人人皆知理法，而后布恩施德，以培国家万年元气。昊天不弔，未假之年。使十有三年惫精劳神之圣心犹未释于龙驭上宾之日，而广大欲沛之泽不及旁流汪濊，以遂皇考之初志。而亲见黎民遍德之休也。呜呼痛哉！雍正十三年八月己丑，皇考崩，圣寿五十有八。乾隆二年三月庚寅葬泰陵。小子谨拜稽首而献颂曰：

惟天行健，运而不息。阴阳甄陶，万殊一则。
惟圣时宪，建极宜民。其用曷先，曰义与仁。
当丰而亨，蔀亦潜滋。既大且豫，发戒其随。
皇帝继序，履盛持盈。日暄雨润，雷动风行。
皇天所付，惟此嘉师。四圣容保，予承予依。
曰予作君，在厚其生。其灾其害，我躬是膺。
曰予作师，在正其德。其薄其顽，我躬之忒。

设监置牧，惟民之安。苟非其人，虑为民残。
以膂股肱，信贤不贰。庶司百吏，开诚以示。
片言心录，小善必登。耳提面命，无或荒宁。
官箴之败，交以贿成。贤奸可易，白黑可更。
植党背公，涛张谲诳。上下相蒙，斯民曷望。
重增秩禄，用绝苞苴。私涂既闭，邦经可胪。
旌廉擢能，俾钦俾慕。诛恣惩贪，俾愧俾寤。
九官承式，庶事寡愆。大府整躬，百城晏眠。
敬刑明罚，乱狱无滋。岁会月要，出纳无欺。
救荒拯溺，家霑户浃。增防滩川，役均廪给。
兴礼明教，以示之则。禁暴诘奸，以除其慝。
煌煌帝京，政肃风清。豪强屏息，奸究潜形。
博戏斗罴，鹑茵鸡栅。奇技淫声，儿童莫识。
近自畿甸，周于海隅。山行野宿，刁柝无虞。
曷占政成，官称其职。曷占民安，鼓腹作息。
皇帝政治，身为表仪。由中达外，诚一无私。
郊庙明禋，洞洞属属。阙廷莅政，雍雍穆穆。
大孝备矣，昭哉嗣服。眷旧亲贤，久而弥笃。
近承德意，远树风声。父勉其子，弟祗其兄。
未明求衣，日昃不食。一日万畿，是匡是饬。
天现其光，珠联璧合。地效其灵，河精川翕。
亩穗丛歧，陵芝结纽。凤翔麟游，近在郊棷。
皇帝曰咨，毋安毋豫。我群我臣，惟戒惟惧。
遇灾而惧，灾可为祥。以祥为常，志将日荒。
重道崇文，德以是懋。张皇六师，武不敢究。
天衢如砥，万国朝宗。开我明堂，四裔来同。
盛德之气，生物之元。于时为春，在人曰仁。

尊严之气，物以凝闭。于时为秋，在人曰义。
巍巍圣皇，是则是效。雨露雷霆，罔非至教。
德厚于地，智崇如天。仪我后昆，亿万斯年。

乾隆四年七月二十四日孝子嗣皇帝弘历敬述

雍正皇帝，这位具有争议的一代帝王，作为“康乾盛世”承前启后的关键人物，或流芳百世，或骂名滚滚，就连他平静后宫的那些甄嬛们，也备受世人瞩目。甄嬛们的生活情趣、爱恨情仇、最终归宿，都被人绘声绘色地加以演绎。这就是雍正帝的人格魅力，也是历史带给我们的启发。

▲ 图12-14　泰陵石牌坊（图二）

**图书在版编目（CIP）数据**

雍正和他的甄嬛们 / 李寅著.—北京：中国工人出版社，2013.12
ISBN 978-7-5008-5712-9

Ⅰ.①雍…　Ⅱ.①李…　Ⅲ.①中国历史—清代—通俗读物　Ⅳ.①K249.09

中国版本图书馆CIP数据核字（2013）第309937号

雍正和他的甄嬛们

| | |
|---|---|
| **出 版 人** | 李庆堂 |
| **责任编辑** | 董　虹　杨博惠 |
| **责任校对** | 张圣南 |
| **责任印制** | 栾征宇 |
| **出版发行** | 中国工人出版社 |
| **地　　址** | 北京市东城区鼓楼外大街45号　邮编：100120 |
| **网　　址** | http://www.wp-china.com |
| **电　　话** | （010）62350006（总编室）（010）62005039（营销出版部）<br>（010）62379038（分社） |
| **发行热线** | （010）62005049　（010）62005042（传真） |
| **经　　销** | 各地书店 |
| **印　　刷** | 北京市密东印刷有限公司 |
| **开　　本** | 710毫米×1000毫米　1/16 |
| **印　　张** | 13 |
| **字　　数** | 200千字 |
| **版　　次** | 2014年1月第1版　2014年1月第1版第1次印刷 |
| **定　　价** | 29.80元 |